Rudolf Köster

Was kränkt, macht krank

HERDER / SPEKTRUM
Band 4122

Das Buch

Spitze Worte können tief verletzen. Kränkung greift stets nach dem ganzen Menschen. Was die Seele kränkt, schädigt und schmerzt auch den Körper. Viele sind sich gar nicht bewußt, welche Zusammenhänge hier am Werk sein können. Ein erfahrener Arzt und ein Kenner der menschlichen Seele bietet hier seine Hilfe an. Rudolf Köster legt die subtilen Mechanismen seelischer Kränkung offen und deckt ihre psychosomatischen Folgen auf. Er zeigt, wie traumatische Wunden heilen und Kränkungen – gewollte oder ungewollte – vermieden werden können. Dem Leser will er helfen, die Gefahren für sich und für die Mitmenschen zu erkennen, und das Gespräch als wirksamstes seelisches Medikament zur Heilung von Kränkungen zu nutzen. Ein Buch für eine entschiedene Abrüstung auf der Beziehungsebene.

Der Autor

Rudolf Köster, Dr. med., geb. 1921 in Manderscheid (Eifel), Medizinstudium in Berlin und Würzburg. Ausbildung und Tätigkeiten in Innerer Medizin, Gynäkologie, Psychiatrie, Sozialmedizin. 1962 Leiter des Gesundheitsamtes Titisee-Neustadt, 1972 Olympia-Arzt (München), 1978 Lehrauftrag für Sozialmedizin. Hauptarbeitsgebiet: seelisch-körperliche Krankheiten. Unter seinen Büchern: „Im Gleichgewicht bleiben. Umgang mit seelischen Belastungen“ (1986), „Streßgefahren erkennen – überwinden!“ (1988), „Sieh das Leben positiv! Optimismus als Heilkraft“ (1989).

Rudolf Köster

Was kränkt, macht krank

Seelische Verletzungen erkennen und vermeiden

Herder

Freiburg · Basel · Wien

Neuausgabe

Herstellung: Freiburger Graphische Betriebe 1992
Umschlaggestaltung: Joseph Pölzelbauer
Umschlagbild: Emile Bernard, De Afrikaanse vrouw, 1895,

Coll. Museum Folkwang, Essen
ISBN 3-451-04122-7

Inhalt

Zur Einführung 7

1. **„Kränkung“ – was ist das?** 9

2. **Krankheit und Kränkung**
in ihrer Beeinflussung durch Gesellschaft, Politik, Medizin 20

3. **Der Problempatient – ein Kranker in Kränkungsgefahr** 33
3.1 Der verhaltensgestörte Mensch 35
3.2 Der Hysteriker 35
3.3 Der Hypochonder 36
3.4 Der Neurastheniker 36
3.5 Der Neurotiker 36
3.6 Der Psychopath 37
3.7 Der Depressive 38

4. **Wer ist durch Kränkung besonders gefährdet?** . . . 40
4.1 Das Kind 41
4.2 Die Familie 43
4.3 Der Schüler 50
4.4 Der Lehrer 52
4.5 Der Chef 54
4.6 Der Arbeitnehmer 57
4.7 Der Arbeitslose 62
4.8 Der Verkehrsteilnehmer 63
4.9 Der Polizist 66
4.10 Der Journalist 68

4.11 Der Politiker 72
4.12 Der Spitzensportler 75
4.13 Der Nachbar 78
4.14 Der Behinderte 80
4.15 Der alte Mensch 84

5. Von der Kränkung zur Krankheit 88
5.1 Der Kopfschmerz, die Migräne („Hemicranie") . . 89
5.2 Der „Kloß im Hals" (Globus hystericus) 90
5.3 Herzstiche, Herzschmerzen, Angina pectoris „nervosa" 90
5.4 „Magenverstimmung", Gastritis, Magengeschwür 90
5.5 Kolik der Gallenblase 90
5.6 Bluthochdruck, Blutunterdruck 91
5.7 Zwanghafter Harndrang, Bettnässen (Enuresis) . . 91
5.8 Halswirbelsäulensyndrom (HWS-Syndrom) 91
5.9 Rückenschmerzen 91
5.10 Hautausschlag, Neurodermitis, Juckreiz 92
5.11 Feuchte Hände, Fußschweiß 92
5.12 Nägelkauen, Nägelreißen 92
5.13 Allergie 92

6. Vermeidung und Abwehr von Kränkungen 96
6.1 Das Anti-Ärgerprogramm 97
6.2 Das Anti-Streßprogramm 101
6.3 Das Programm der Konfliktstrategie 107
6.3.1 Das Gespräch – das wichtigste Arzneimittel 109
6.3.2 Von der Kontaktstörung zum Kontakt 112
6.3.3 Der Streit 117

Schlußbetrachtung 126

Zur Einführung

Worte helfen, trösten, Worte heilen. Worte können kränken, seelisch verletzen, Worte können krank machen, Worte können töten: „Das hat mich arg gekränkt ..., das macht mich noch ganz krank ..., das bringt mich noch ins Grab". So oder ähnlich klagen Menschen, die durch „böse Worte" gekränkt wurden: Durch seelische Verletzung werden sie verängstigt, unruhig, gar sprachlos, weil Kränkung ihnen die Sprache verschlagen hat. Leider fehlt dem Gekränkten oft die seelische Kraft, gegen gesundheitliche Gefahren durch Kränkung sich zu schützen, Kränkungen nicht zu schlucken, niemals in sich hineinzufressen. Durch zusätzliches Fehlverhalten im Kontakt kommt es zu neuen Kränkungen –, ein kränkender Teufelskreis, der nun auch nach dem Körper greift und ihn krank macht, keinen Bereich des Körpers verschonend: Kopfschmerz, Migräne, Gastritis, Magengeschwür, Blutdruckkrisen, Juckreiz, Hautausschlag, muskulärer Rückenschmerz, Angina pectoris „nervosa", Herzinfarkt, sind einige Beispiele für psychosomatische Krankheiten, bei welchen die verdrängte seelische Verletzung durch Kränkung, zur Krankheit des Körpers wurde.

Gefahren durch Kränkung liegen überall in Lauerstellung. Viele Menschen, die einen anderen Menschen kränken, sind oft sich gar nicht richtig bewußt, was sie durch Kränkung eigentlich anrichten: Wieviele Krankheiten, menschliche Schicksale, Tragödien, wären durch Entschärfung der Tatwaffe „Zunge", durch den Vorsatz, nicht zu kränken, die lockere Zunge zu zähmen, die giftige Zunge zu entgiften, vermeidbar!

Dem Leser will dieses Buch helfen, diese Gefahren für sich

selbst, für den Mitmenschen, zu erkennen, das Gespräch, als das wirksamste seelische Medikament gegen Kränkung, zur Heilung von Kränkung, zu nutzen: Hier liegen unersetzbare Chancen für den Schutz der Gesundheit –, gar des Lebens selbst!

Titisee-Neustadt, im Frühjahr 1991 *Dr. Rudolf Köster*

1.
„Kränkung“ – was ist das?

Es gibt nur wenige Wörter in unserer Sprache des Alltags, die sich auf Gesundheit und Krankheit beziehen, zugleich aber auf Anhieb so schwer definierbar sind, wie „Kränkung“. Diese Schwierigkeit ergibt sich vor allem aus der Zusammenfassung vieler krank machender Ursachen und Vorgänge in einem einzigen Wort, in „Kränkung“:

Wer zum Beispiel versucht, sich darüber in einem 20bändigen Lexikon zu informieren, wird enttäuscht wieder zuschlagen, weil er dort „Kränkung“ vergeblich sucht. Eine bildliche Wegweisung könnte das im Lexikon erklärte niederdeutsche Wort „Krängung“ geben, „die seitliche Neigung eines Schiffes durch Winddruck ...“. Selbst in einem 6bändigen Lexikon der Medizin findet „Kränkung“ keine Erwähnung –, ein Symptom der Verkennung der gesundheitlichen Bedeutung von Kränkung selbst im medizinischen Bereich? Auch in Gesprächen, Diskussionen, fällt es immer wieder auf, daß das Wissen über all das, was man „Kränkung“ zu nennen pflegt, gar oft in krassem Gegensatz zur gesundheitlichen Aggressivität aller Arten von Kränkung steht. Umsomehr drängt jetzt eine Frage auf Antwort: *Wie ist Kränkung erklärbar, was bedeutet sie für den Menschen?* Auf der Suche nach einer Antwort auf diesen Fragenkomplex besteht allzuleicht die Versuchung einer Verwechslung von Ursache und Wirkung, denn: Kränkung ist keine Krankheit, sondern Ursache für Krankheiten! Die Vielfalt der durch Kränkung verursachten Krankheiten, die Bedeutung dieser Krankheiten für Gesundheit und Leben, aber auch die zunehmende Anfälligkeit vieler Menschen für Kränkungen aller Art, verschaffen der Kränkung immer mehr eine Spitzenposition unter den Ursachen für Krankheiten: Angriffsort jeder Art von Kränkung ist nicht der Körper, sondern die Psyche. Dort führt sie zur Verletzung, zum seelischen Trauma. Auf dem Umweg über die Psyche, das Gemüt, erreicht jeder Mensch, der einen anderen Menschen kränkt, auch den Körper des Gekränkten, dem er damit – wie der Volksmund es treffend ausdrückt – „auf den Leib rückt", ohne diesen Körper auch nur im geringsten berühren zu müssen.

Für jeden Arzt ist es bedrückend, immer wieder feststellen zu müssen, daß körperliche Beschwerden, Krankheiten, bei vielen seiner Patienten allein durch deren Unkenntnis oder Mißachtung von Gefahren für die Gesundheit durch Kränkung verursacht werden, auch durch ihre Unfähigkeit, mit Kränkungen umzugehen, sie abwehren, überwinden zu können. Viele Schwierigkeiten im Umgang mit Kränkungen ergeben sich zwangsläufig durch die Vielgestaltigkeit von all dem, was man „Kränkung" nennt, jedoch:

Kränkung ist nicht = Kränkung!

Über den Begriff „Kränkung" spannt sich ein riesengroßer Bogen. Er umschließt eine Vielfalt von Ursachen und Arten einer Kränkung, von individuellen Kontrasten in der Reaktion auf Kränkung. Die Wege, die zur Kränkung führen, sind vielgestaltig:

- Kränkung kann unerwartet, schockartig erfolgen, im Extremfall als „Psychoterror" eine Gefahr für Gesundheit und Leben.
- Sie kann bei zufälligen Begegnungen durch anzügliche, zweideutige, zynische Bemerkungen wirksam werden.
- Sie kann auch tagtäglich erfolgen, in der Familie, am Arbeitsplatz. Besonders kränkend sind dabei die versteckten Sticheleien, die heimtückischen „Nadelstiche", die „Giftspritzen" durch Herabsetzung des Ansehens, Verbreitung von Gerüchten.

● Eine Kränkung kann mit voller Absicht erfolgen, um einem Menschen, der einem „im Wege steht", den man haßt, „einen Denkzettel" zu verpassen, „eins auszuwischen", zu zeigen, „wo's langgeht", einen Menschen gar „fertig zu machen": Formulierungen aus dem Volksmund, die Düsteres für den weiteren Verlauf der zwischenmenschlichen Beziehung, für die Gesundheit des Gekränkten, befürchten lassen.

- *Kränkung geschieht nicht immer nur aus böser Absicht:* Oft sind auch Gedankenlosigkeit, mangelndes Einfühlungsvermögen, mißverständliche Formulierungen Wegbereiter einer Kränkung, wodurch man aber doch jemandem etwas „zu Leide" tut.

- *Die Empfindlichkeit für Kränkung* ist von Mensch zu Mensch reich an Kontrasten: Das, was für den einen Menschen noch als eine Art von Scherz wirkt, kann für einen anderen Menschen schon die Wirkung einer „tödlichen Beleidigung" haben. Dazwischen liegt eine breite Skala von Reaktionen auf Kränkung: Vom noch harmlos wirkenden Rückzug „in den Schmollwinkel", über „die beleidigte Leberwurst", den „Rolladen runterlassen" bis zur tiefen reaktiven Depression, zum Lebensüberdruß, wenn Kränkung „den Lebensnerv tötete", ein „Rufmord" durch Verleumdung verübt wurde.

- *Chronische Kränkung kann zum „Nervenkrieg" werden,* zu einem persönlichen Krieg zwischen zwei Menschen, zu einem Krieg ohne Kriegserklärung, mit einer Strategie, bei der es – wie in jedem Krieg – nicht nur Verwundete, sondern gar Tote geben kann.

- *Jede Kränkung hinterläßt ihre Spuren an der Seele,* am „Nervenkostüm": Von nur leichten Kratzspuren einer geringen, einer gut abgewehrten Kränkung, bis zur tiefen seelischen Wunde mit viel schlechterer Heilungstendenz als die körperliche Wunde. Jeder Gekränkte weiß aber auch aus leidvoller Erfahrung:

- *Seelischer Schmerz ist schwerer zu ertragen als Schmerz* des *Körpers,* der durch ein großes Angebot an Medikamenten gemildert, gar aufgehoben werden kann. Jeder Mensch mit seelischem Schmerz durch Kränkung weiß, daß Schmerztabletten hier nicht helfen – er spürt am eigenen Leibe die 2000 Jahre alte Weisheit des griechischen Philosophen *Menandros: „Besser ist es der Körper leidet als die Seele ...“*, ja –, Seelenqualen können zu Höllenqualen werden, können das Leben zur Hölle machen: Die unheimliche Allmacht der Kränkung kann das Leben zerstören, denn jede

- *Kränkung greift stets nach dem ganzen Menschen*, nach Seele *und* Körper. Mit ihrer Giftwirkung gibt sie kein Pardon: Sie stört nicht nur am Tage, sondern vor allem nachts, wenn die Ablenkungsmöglichkeiten wegfallen, der Gekränkte mit seiner Kränkung ganz allein ist, sie ihm sogar den Schlaf raubt. An die Stelle des Schlafes tritt dann zermürbendes Grübeln, von dem der Gekränkte arg geplagt wird, den Weg in eine seelische Störung, gar Krankheit bahnend.

- *Kränkung macht nicht nur krank, sondern auch älter:* Je mehr mit einer Kränkung auch ein tiefgreifender Verlust des Ansehens, des Ehrgefühls verknüpft ist, umsomehr entspringen daraus Rückwirkungen auf die Freude am Leben, auf die Lebenskraft: „Ich mag einfach nicht mehr ...“ –, eine Formulierung, die auch eine Inaktivität im körperlichen Bereich signalisiert: Ins Gesicht, dem Spiegelbild der Seele, graben sich Sorgenfalten ein, die Haltung ist schlaff, gebeugt. Kränkung läßt durch Ärger, Gram, Sorgen, auch „graue Haare wachsen“:
  „Er ist um Jahre gealtert ...“, so etwa sagt man, wenn man einen verhärmten, depressiv wirkenden Menschen einige Zeit nach schwerer Kränkung wiedersieht.

Alle diese Angriffe auf Gesundheit und Leben als Folge einer Kränkung sind anklagendes Plädoyer gegen jede Art seelischer Verletzung durch „das böse Wort“. Es gibt aber auch eine *stumme Kränkung durch kommunikatives Fehlverhalten:* Ursache ist hier nicht die kränkende Zunge, sondern die Mißachtung durch Schweigen –, durch ein Schweigen aus Bequemlichkeit, aus Unhöflichkeit, Verachtung. Typisches Beispiel aus dem Alltag: Beim Frühstück, beim Essen, zeigt man seinem „Gegenüber“ nicht sein Gesicht, sondern die Rückseite der Zeitung, die man einem Gespräch vorzieht.

Es gibt aber eine noch viel modernere Art von Kränkung durch kommunikatives Fehlverhalten, *die Kränkung vor dem Fernsehgerät:* Diese, oft recht schmerzlich empfundene Kränkung wird stets wirksam, wenn die Zuwendung zum Bildschirm zur Abwendung vom Menschen, das Anschalten des Fernsehgerätes zum Abschalten des Gespräches führt. Wie viele, oft äußerst dramatisch verlaufende Konflikte, wie viele Zerstörungen partnerschaftlicher Beziehungen, gar ganzer Familien, aus dieser Art einer Kränkung entspringen, ist statistisches Niemandsland: „Statistik" ist hier aber die rauhe Wirklichkeit familiären Alltags: Immer mehr Ärzte, Psychotherapeuten, Psychologen, Beratungsstellen müssen sich mit Familienproblemen befassen, die aus – allzuoft verkannten – Problemen im Umgang mit dem Fernsehen entspringen: Vom Abschneiden des Wortes („halt doch mal endlich den Mund, stör mich doch nicht ständig ..."), Reizbarkeit, Beschimpfung, Streit über die Wahl des Programmes, Aggressivität, seelisch krank machende Familienkonflikte, bis zur Auflösung der Fernseh-Familie durch Zerstörung der Kontakte. In diesen Gefahren befindet sich jede Familie, in welcher nicht der Mensch, sondern das Fernsehen „das Sagen" hatte, das durch sein Programm das Zeitprogramm der Fernseh-Familie programmiert: Die Chancen für das Familiengespräch, für Kontakte ebenso wie die Essenszeiten, den Zeitpunkt des Zubettgehens: Geballte Ladungen von Kränkungspotentialen durch suchtartige Abhängigkeit von der „Droge im Wohnzimmer"!

Eine extrem paradoxe Art von Kränkung ist *Kränkung durch Mißbrauch des Lachens:* „Lachen ist gesund!". – So kennen wir die unbestrittene Heilwirkung des Lachens, als Signal seelischer Gesundheit von Menschen, die sich „von Herzen" freuen können. Damit haben sie zugleich ein seelisches Arzneimittel für positives Denken, für ihre seelische Immunität –, auch gegen Kränkung! Ganz im Gegensatz dazu stehen aber Menschen mit erstarrter, „todernster" Miene, die nicht mehr lachen können: Nicht unbeteiligt daran können Menschen sein, die – bewußt oder unbewußt durch Gedankenlosigkeit, Sadismus, Dummheit – das Lachen als eine Waffe zur seelischen Verletzung durch Kränkung mißbrauchen. Das ist immer der Fall, wenn man einen Menschen „auslacht“ oder „über ihn lacht“. Die Kränkung durch diese Waffe dringt tief ein in das Herz, in das Gemüt. Dem dadurch seelisch verletzten Menschen wurde ein schwerer Schaden zugefügt: Ihm ist das Lachen vergangen –, seine seelische Gesundheit ist in Gefahr durch kränkenden Mißbrauch des Lachens!

Bei der Suche nach den Ursachen für Kränkungen stößt man auch auf eindrucksvolle Formulierungen des Volksmundes durch *sprachliche Bezüge zwischen Kränkung und Körper:* Hier kränkt man verbal und nonverbal durch auffallende Gesten, Fehlverhalten. Alles, was dabei zur Kränkung führt, ist auf den Körper gerichtet, um von dort die Seele zu kränken, indem man

jemanden – von oben herab ansieht, schief ansieht, übersieht,
– übergeht, links liegen läßt,
– vor den Kopf stößt,
– mundtot macht,
– an die Wand oder in die Ecke drückt,
– in die Pfanne haut, gar zur Sau macht,

jemandem – den Vogel zeigt,
– eine Maulschelle erteilt,
– eine schallende Ohrfeige verpaßt,
– ein Bein stellt,
– über den Mund fährt,
– die kalte Schulter zeigt,
– den Rücken zukehrt,
– die Zunge, gar – den Hintern zeigt.

Eine besonders verletzende Form nonverbaler Kränkung ist es, wenn man vor jemandem ausspuckt oder gar eine verbale Morddrohung ausspricht: „Dem/der werde ich noch das Genick brechen ...!“ Jeder Mensch, der durch derartige Kränkungen seelisch verletzt wurde, weiß, daß diese Verletzung schmerzhafter, schwerer zu ertragen ist als der körperliche Schmerz durch Verwirklichung eines tätlichen Angriffes, der hier verbal formuliert wurde: Auch der seelische „Schlag ins Gesicht“ durch Beleidigung, Mißachtung, Verleumdung, kann schmerzhafter sein als der emotionale Schlag ins Gesicht einer

„ausgerutschten Hand“; Bedrückend ist nicht nur die Vielfalt der Wege in der Art einer Kränkung, sondern auch deren Penetranz und Hemmungslosigkeit, die weder Grenzen noch Reservate in der Schonung eines Menschen kennen, denn *Kränkungen sind wie Einbrecher:* Sie verschaffen sich gewaltsam Zugang zu allen Bereichen unseres Körpers. Je weniger dieser gegen „Einbruchsgefahr“ geschützt ist, umso leichter wird Kränkungen der Einbruch gemacht. Sie werden auch gewalttätig:

- Sie „rücken auf die Pelle“, gehen dann unter die Haut,
- sitzen als Faust im Nacken bei Angst,
- schnüren gar die Gurgel zu,
- liegen zentnerschwer auf der Brust, verschlagen den Atem,
- schlagen auf den Magen,
- stechen besonders gerne ins Herz,
- bringen die Galle zum Überlaufen,
- gehen auch ganz gerne an die Nieren
- oder fallen jemandem in den Rücken:

Mit diesen und ähnlichen Formulierungen in der Bildsprache des Körpers hat der Volksmund mit seinem psychologischen Instinkt eine treffende Beschreibung der vielfachen Möglichkeiten einer Ausbreitung von Kränkungen im Körper gegeben, wenn es der Seele nicht gelingt, sich gegen diese Kränkungen zu wehren: Auch scheinbar harmlose Kränkungen können sich hier recht unangenehm bemerkbar machen, etwa nach dem Reflex: „Kleine Ursachen – große Wirkung!“ Im Alltag zwischenmenschlicher Beziehungen wird allzuoft die Realität dieser Weisheit des Volksmundes übersehen. Sie ist aber spürbar, denn *auch scheinbare Kleinigkeiten können kränken,* oft gar ganz „granatig“: Im Zentrum von Anlässen für Kränkungen aus diesem Bereich steht nicht die böse Absicht, einem Menschen etwas „zu leide“ zu tun, ihn zu kränken. Hier führen Ungeschicklichkeiten, Vergeßlichkeit, Gedankenlosigkeit, Versäumnisse zur Kränkung, zum Beispiel

- *der vergessene, mißglückte Dank:* Man hat zu einem feierlichen Anlaß ein Geschenk abgegeben oder geschickt. Es kommt kein Dank, weder brieflich noch bei einer Begegnung: „Habe ich mit diesem Geschenk „falsch“ geschenkt ...? Ist das Geschenk gar nicht angekommen ...?": Die Ungewißheit kränkt. Oder: „Ach, das Buch habe ich aber schon, schade ..." Mit diesen oder ähnlichen Formulierungen kommt es über die Verhinderung, einem Menschen eine Freude machen zu können, zur Enttäuschung, die Kränkung ist zwangsläufig.

- *Der nicht abgenommene Gruß:* Diese scheinbare Banalität kann – je nach dem Grad des Selbstwertgefühls – durch Kränkung zu schwerer seelischer Verletzung führen: „Für den bin ich doch eine Null ..., nun weiß ich, was ich wert bin ..."
- *Der nicht beantwortete Brief:* Für jeden Menschen entsteht durch das Warten auf Antwort nach einem persönlichen, einem geschäftlichen Brief, eine Situation umfassender Verunsicherung: „Habe ich mit meinem Brief verletzt ...? War mein Brief zu schlecht formuliert ...?" Oder bei Bewerbungen ohne Reaktion: „Jetzt weiß ich, daß ich zu nichts tauge ..."
- *Der versäumte Besuch am Krankenbett:* „Ich hätte Sie ja gerne besucht, aber, Sie wissen ja, die Zeit ..." Man kann noch so nach Entschuldigungen suchen, sich herausreden zu wollen –, das kränkende Gefühl von Mißachtung bleibt.

Je sensibler ein Mensch ist, desto mehr können selbst kränkende „Kleinigkeiten" zu schweren seelischen Last werden!

Eine oft verkannte Ursache für den Anstieg seelischer Krankheiten in unserer Zeit ist eine verbreitete Anfälligkeit für *Kränkung durch Einbußen in den Grundwerten des Lebens,* mit bevorzugter Konzentration im familiären, gesellschaftlichen, politischen Zusammenleben, zunehmend auch in den Fundamenten religiöser Orientierung: Das, was zuvor Generationen von Menschen auch in kritischen Situationen ihres Lebens oft noch einen Halt geben konnte, ist brüchig geworden. Die Entfernung von allem, was man früher in Begriffen wie „Tradition", „Tugend", zusammenzufassen pflegte, verändert zunehmend die Fundamente des Menschseins, mit allen Auswirkungen auf das Zusammenleben, den Sinn des Lebens, auch auf die Fähigkeit, seelische Belastungen zu ertragen, anstatt vor ihnen zu fliehen. Diese Entwicklung blieb allerdings nicht ohne

Folgen für die seelische Gesundheit des Menschen der Gegenwart:

Immer mehr Menschen werden krank durch Kränkung –, einer wichtigen Ursache für die Zunahme von seelischen Störungen, Krankheiten in unserer Gesellschaft. Beteiligt daran sind aber nicht nur die gestiegene Anfälligkeit für Kränkung durch Absinken der seelischen Belastbarkeit, sondern auch die zunehmenden Gefahren von Kränkung durch Menschen, deren Hemmschwelle in der seelischen Verletzung sehr niedrig liegt. Es kümmert sie auch nicht, daß sie damit Schutzzäune persönlicher Integrität, des Selbstwertes, brutal einreißen: Gewaltsam verschaffen sie sich Eintritt in den seelischen Bereich eines Menschen: Sie stehlen ihm den seelischen Frieden, vergleichbar einem Dieb, der in ein Haus einbricht, aber – , wie der Dieb, nicht ungestraft: Ein Natur-Strafgesetz wird hier wirksam:

Der kränkende Mensch kränkt sich selbst! Er weiß es oft gar nicht, früher oder später bekommt er es aber doch zu spüren: All das, was ein Mensch durch Kränkung – sei es aus Tolpatschigkeit, Unhöflichkeit, sei es aus böser Absicht, durch Rachegelüste – einem anderen Menschen zufügt, bleibt nicht ohne Strafe, denn *der kränkende Mensch ist kein zufriedener Mensch:* Bereits sein Fehlverhalten mit Kränkung eines anderen Menschen ist Symptom für eigene Defizite in der seelischen Gesundheit. Durch Kränkung stört er den unbeschwerten Kontakt zum gekränkten Mitmenschen: Er ist ein Mensch, den man nicht mag, mit dem man nicht gerne spricht, den man meidet –, er begibt sich in das menschliche Abseits. Manche Leserin, mancher Leser, die bis zu dieser Stelle gelesen haben, werden erkennen, daß ihre bisherigen Vorstellungen über alles, was kränkt, sich in zu engem Rahmen bewegte. Zum eigenen gesundheitlichen Nutzen werden sie nun aber auch erkennen:

Kränkung macht krank! Für viele Menschen ist Krankheit durch Kränkung das Ende eines Weges im Dunkeln, eines Weges in Verirrungen mit drückender seelischer Last, die sie mit sich herumschleppten, die ihnen ihr Leben so schwer machte. Oft sind es erst der seelische Zusammenbruch, eine Krankheit, die dann auch zur Hilfe aus seelischer Not durch Kränkung führten: Für jeden davon betroffenen Menschen rächen sich bitter die Versäumnisse in der Früherkennung gesundheitlicher Gefahren durch Kränkung, die seelische Schwäche in der Abwehr von Kränkungen.

Kränkung kann auch töten: Ein Mensch, der „tödlich" beleidigt wurde, diese Kränkung nicht überwinden konnte, sondern sich „zu Herzen" nahm, kann dadurch nicht nur in extreme Gefahr für sein Leben durch ein „gebrochenes Herz" geraten, auch ein „Nervenzusammenbruch" kann sein Leben gefährden: Der Sturz in eine tiefe „reaktive Depression", das nicht mehr korrigierbare Gefühl von der Sinnlosigkeit weiteren Lebens, reißen die letzten Hemmschwellen in der Zerstörung des eigenen Lebens, dem Suizid, ein. Todesursache: Ein Mensch, der kränkte. Bekanntestes Beispiel dafür: Der „Rufmord" infolge Kränkung durch Verleumdung.

Kränkung kann sich aber auch nach außen entladen, wenn der gekränkte Mensch unfähig ist, anstatt aus der Gewalt seelischen Druckes sich zu befreien, diesen in abgrundtiefen Haß verwandelt: Je größer der Haß, umsomehr werden die Kontrollfunktionen des *Über-Ich,* des Gewissens, die Bremswirkung des Verstandes, abgeschwächt: Umsomehr verführen nun unstillbare Rachegelüste zur Gewalt am Menschen, der so sehr kränkte – der Gekränkte kann „im Affekt" gar töten, Gerichtsakten sprechen hier Bände!

Kein einziger Mensch bleibt von Kränkung verschont –, allerdings mit riesengroßen Kontrasten in der Häufigkeit von Kränkungen, im gesundheitlichen Schaden durch Kränkung: So gibt es Menschen, die nur gelegentlich, gesundheitlich kaum spürbar, gekränkt werden. Darunter fallen Menschen, die anderen Menschen wenig Angriffsfläche für eine Kränkung bieten, weil sie mit ihrer Persönlichkeit, ihrer Wesensart, ihrem Lebensstil, ein kränkungsarmes Verhaltensmuster haben –, ganz zu ihrem gesundheitlichen Nutzen! Sie sind auch eine Art von Lebenskünstler in der positiven Gestaltung ihres Lebens.

Vielen Menschen ist diese Erleichterung ihres Lebens nicht vergönnt: Sie gelangen *Von der* Ich-*Schwäche zur Immun-*

schwäche gegen Kränkung: Jeder Mensch mit Defiziten im Selbstwertgefühl, im Glauben an sich selbst, mit Durchsetz- und Aggressionshemmung lebt gefährlich: Er setzt sich mit seiner Gesundheit, mit seinem Leben, Gefahren aus, die ein Mensch mit einem stabilen *Ich,* nicht kennt. Mehr als viele Worte sagt hier der *Vergleich mit einem Naturgeschehen:* Wir alle wissen es, können es direkt sehen: Einem Orkan, der über einen Wald hinwegfegt, fallen nicht alle Bäume zum Opfer: Gefährdet sind aber Bäume mit dünnen, oberflächlichen Wurzeln, Bäume, die schwach entwickelt oder bereits krank sind. Nicht anders verhält es sich beim Menschen: Wer keine gesunden, tiefreichende Wurzeln in der seelischen Entwicklung von früher Kindheit an bilden konnte, gar unter dem krankmachendem „Entwurzelungssyndrom" leidet, wer seine seelische Widerstandskraft verloren hat, kann seelischen Belastungen nicht standhalten: Er wird zum willfährigen Opfer aller Arten von Kränkungen!

Jedem, der nun weiterliest, soll geholfen werden, zu erkennen, daß Kränkungen oft ein breites Vorfeld in allen Bereichen unseres Lebens haben: Überall, wo wir Menschen begegnen, im Zusammenleben mit Menschen, sind wir in der Gefahr einer Kränkung, zugleich mit allen Möglichkeiten, selbst zu kränken. Kränkungen haben aber auch – weitaus mehr als im allgemeinen vermutet wird – tiefe Wurzeln in seelischen Belastungsfaktoren für unser Leben, die nicht vom einzelnen Menschen selbst, sondern von umwälzenden Veränderungen in der Gesellschaft, in der Umwelt entspringen. Viele Menschen können sich dem Tempo dieser Veränderungen mit unaufhaltsamem Eindringen der Technik in alle Bereiche des Lebens, mit Ausbreitung zwischenmenschlicher Anonymität, oft begleitet von erdrückender Einsamkeit, nicht anpassen. Zwangsläufig ergibt sich für jeden, davon betroffenen Menschen, eine Steigerung des Kränkungspotentials, auch aus einem Bereich, der früher in diesem Ausmaß nicht wirksam werden konnte.

2.
Krankheit und Kränkung

in ihrer Beeinflussung durch Gesellschaft, Politik, Medizin

Tagtäglich erleben wir es, spüren es gar „am eigenen Leibe", daß unser Leben reich an Kontrasten ist: An der Oberfläche unseres Lebens scheint es uns so gut zu gehen wie keiner Generation der Menschheitsgeschichte je zuvor:

- Gigantische Fortschritte der Technik haben uns in allen Bereichen des Lebens von schwerer körperlicher Arbeit befreit.
- Der unaufhaltsam wachsende Wohlstand bescherte breiten Kreisen der Bevölkerung einen Lebensstandard, von dem der Mensch ein oder zwei Generationen zuvor nur hätte träumen können.
- Die Motorisierung ist längst kein Privileg bevorzugter Kreise mehr. Sie erschließt uns alle Bereiche der Erde, revolutionierte das Urlaubs- und Freizeitverhalten.
- Das Fernsehen – ein technisches Wunder – verbindet uns mit allen Teilen der Welt. Für einsame, kranke, behinderte, alte Menschen ist es eine Brücke der Kommunikation zur Außenwelt, gar oft auch ein Retter aus bedrückender Isolation.
- Fortschritte der Medizin haben schweren Krankheiten den tödlichen Stachel genommen. Immer mehr gelingt es, Leben selbst an der Schwelle des Todes zurückzuholen. Durch Intensivierung der Gesundheitsvorsorge, Fortschritte in der Behandlung von Alterskrankheiten, der Geriatrie, konnte die Lebenserwartung innerhalb von 100 Jahren mehr als verdoppelt werden.

Wirklich – eine eindrucksvolle Bilanz, beeindruckende Fortschritte in der Qualität des Lebens, Geschenke an die Menschheit, die ihr ganz neue Dimensionen für die eigene Gestaltung, für den Genuß des Lebens erschlossen. Aber – ein kritischer

Blick unter die Oberfläche unseres gegenwärtigen Lebens provoziert zur Antwort auf eine große Anzahl von

Fragen zur menschlichen Qualität unseres Lebens:
- Ist Wohlstand immer auch Wohlbefinden? Auch gesundheitlich? Auch im familiären Zusammenleben, am Arbeitsplatz?
- Ist Fortschritt der Technik auch Fortschritt der Menschlichkeit? Ist die Technik noch beherrschbar? Oder – von der Macht der Technik zur Ohnmacht des Menschen?
- Und unser Umgang mit der Umwelt? Immer mehr Chemie, immer mehr Atomenergie? Immer mehr kränkende Ängste durch Umwelthiobsbotschaften?
- Sind die Fortschritte der Medizin immer auch Fortschritte für ein menschliches Leben? Ist in der Behandlung alles erlaubt, was technisch machbar ist?
- Immer mehr Schwangerschaftsabbrüche aus „sozialer“ Not in einem der reichsten Länder dieser Erde? Besiegen auch hier Ängste vor dem Leben in der Zukunft den Menschen?
- Ist der Mensch durch die Geschenke des Wohlstands, durch die vielen Erleichterungen in der äußeren Gestaltung seines Lebens, in seiner inneren Einstellung zum Leben, glücklicher, zufriedener als der Mensch zuvor?
- Ist er nicht nur körperlich, sondern auch seelisch gesünder geworden?
- Ist die Familie auch heute noch ein „Hort der Geborgenheit“, eine „Fluchtburg“ in bedrückender Lebenssituation?
- Worin sieht der Mensch der Gegenwart den Sinn seines Lebens, wo findet er einen Halt für sein seelisches Gleichgewicht?

Antwort auf diese und viele andere Fragen über die Situation und Entwicklungstendenzen von Gesundheit und Krankheit unserer Zeit gibt – realistischer als jede Statistik – der Blick in die nüchterne Wirklichkeit des Alltags, unseres Lebens in der Familie, am Arbeitsplatz, in der Gesellschaft. Tagtäglich erhalten wir darüber Informationen aus allen Medien, aus Gesprächen, aus unmittelbarer eigener Wahrnehmung. Das dabei gewonnene Bild zwingt zur Besinnung, zur Ernüchterung durch die *aktuelle Bilanz der Qualität unseres Lebens:*

- Hektik und Streß wurden für immer mehr Menschen zum penetranten Begleiter auf allen ihren Wegen, rund um die Uhr.
- Ängste, entspringend aus einer Angst vor der Angst, breiten sich epidemieartig in allen Kreisen der Bevölkerung aus.
- Seelische Risikofaktoren, als Ursachen vieler Krankheiten der Psyche, des Gemütes, werden immer mehr zu Krankheitsursachen der Gegenwart.
- Die seelische Belastbarkeit sinkt, die Anfälligkeit für Kränkungen und Konflikte steigt.
- Zunehmend fühlen sich auch jüngere Menschen mehr seelisch als körperlich krank: Der steigende Bedarf an Betten in psychosomatischen Kliniken und Kliniken für Kinder- und Jugendpsychiatrie sagt darüber mehr als jede Statistik.
- Der Verbrauch an Medikamenten gegen Kopfschmerzen, „Nervosität“, Schlafstörungen, Depression steigt von Jahr zu Jahr.
- Viele Menschen in seelischer Not zerstören ihre Gesundheit durch Alkohol, begehen „Selbstmord auf Umwegen“.
- Die Flucht vieler junger Menschen in harte Drogen zeigt steigende Tendenz, die Drogentoten werden „jünger“.
- Es wird zwar immer leichter, Leiden und Leben zu verlängern, aber immer schwerer, seelisches und soziales Leid zu lindern.
- Die Anzahl der Menschen, die meinen, die es spüren, mit ihrem Leben nicht mehr zurecht zu kommen, steigt.

Insgesamt eine bedrückend wirkende Bilanz, aber – eine realistische Bilanz von Gesundheit und Krankheit unserer Zeit, vom Leben in der rauhen Wirklichkeit einer Gesellschaft des materiellen Wohlstandes, der Technologie, der Anonymität, die zum Nachdenken zwingt. Dann stellen sich aber auch Fragen, deren Beantwortung wir den kommenden Generationen schuldig sind:

- Von der Zivilisation zur Krankheit durch Zivilisation?
- Von der Pest des Mittelalters zur Pest der Neuzeit?
- Immer mehr Technik – immer weniger Menschlichkeit?

– Von Überernährung des Körpers zur Hungersnot der Seele? *Der tiefgreifende Panoramawandel der Krankheiten* in unserer Zeit, der oft nur schwer begreifbar ist, die Verschiebung wichtiger Fundamente für die Gestaltung unseres Lebens sind ein realistisches Spiegelbild elementarer Veränderungen familiärer Strukturen, traditioneller ethischer Werte, gesellschaftlicher Normen. Hilfen für Menschen in hilfsbedürftiger Situation ihres Lebens, in seelischer Not, die früher für die Großfamilie eine Selbstverständlichkeit waren, müssen immer mehr von der Gesellschaft, von Institutionen, wahrgenommen werden:

Das „soziale Netz“ wird immer engmaschiger und größer. Von Hilfen für Menschen mit Familien-, Ehe-, Partnerschafts-, Erziehungsproblemen, über Schuldnerberatungsstellen bis zur finanziellen Hilfe für Menschen in wirtschaftlicher Not. Die Vielfalt und die Art im Angebot der Hilfen, in deren Mittelpunkt immer der Mensch steht, sprechen eine eigene Sprache. Nicht jedem Menschen fällt es aber leicht, die Hilfe vom „Sozialamt“ anzunehmen: „Ich hätte in meinem Leben nie gedacht, daß ich einmal so weit sinke ...“ In dieser oder ähnlicher Formulierung liegen oft verkannte Gefahren für die seelische Gesundheit durch das *Gefühl einer sozialen Kränkung,* durch eine Art von Scham, Empfänger von „Fürsorge“ zu sein. Für jeden, davon betroffen sich fühlenden Menschen müssen oft erst Hemmschwellen überwunden werden, um überhaupt einen Antrag auf Sozialhilfe nach dem Bundessozialhilfegesetz zu stellen. Eine gute Information über das Recht auf Hilfe in besonderer Situation des Lebens könnte manches Gefühl sozialer Kränkung vermeiden. Hier kann auch der Sozialarbeiter durch seine Beratung ein wertvoller Helfer sein, vor depressiver Reaktion durch Kränkung schützen. Immer mehr Menschen geraten aber auch durch Probleme in der Familie, in der Schule, am Arbeitsplatz, in der Gesellschaft, in die Gefahr, durch Kränkung ihre seelische Gesundheit zu verlieren, ohne sich zunächst selbst helfen zu können. Für alle davon betroffen sich fühlenden Menschen gibt es ein großes *Angebot von Hilfen in gesundheitlicher und sozialer Not:* Von Beratungsstellen für Schüler mit Schul- und Lernproblemen, für Familien mit Erziehungsschwierigkeiten und Partnerschaftskonflikten, für Suchtgefährdete und Suchtkranke, über Kontaktklubs für Menschen in Vereinsamung, Seniorenklubs, als flankierende Hilfe des Alters, bis zur Telefonseelsorge (mit der bundeseinheitlichen Telefonnummer: 1 11 01), als – oft lebensrettende – Hilfe für Menschen in verzweifelter Situation ihres Lebens, erreichbar rund um die Uhr, Frauenhäusern, als Fluchtstation zur Rettung des Lebens.

Die Notwendigkeit für diese – und noch viele andere – Hilfsangebote ist ein realistisches Spiegelbild fundamentaler familiärer und gesellschaftlicher Umschichtungen im menschlichen Zusammenleben. Allzuoft werden uns ihre Auswirkungen, ihre Gefahren, erst nach dem Eintritt des angerichteten gesundheitlichen Schadens an der Gesundheit bewußt. Sie verschonen keinen Menschen, allerdings mit großen Unterschieden von Mensch zu Mensch, zum gesundheitlichen Opferlamm vielfältiger Veränderungen in unserer Gesellschaft zu werden: Sie haben elementare Grundlagen für unsere Gesundheit, für unser Leben, unsere Einstellung zur Mitmenschlichkeit, mehr beeinflußt, als wir es selbst bewußt empfinden, erfolgreich steuern können, denn „es kann niemand seine Zeit überspringen. Der Geist seiner Zeit ist auch seine Zeit ...“.

Mit dieser philosophischen Weisheit hat uns *G. W. F. Hegel* (1770–1831) einen Weg gewiesen, der auch uns hilft, nicht immer nur auf „die schlechten Zeiten“ schimpfen, die Gesellschaft insgesamt kritisieren, verdammen zu müssen: All dies würde nur noch zusätzlich belasten, durch pessimistisches Denken die Bewältigung des Lebens noch mehr erschweren. Vielleicht hilft auch hier der Gedanke, daß es „die gute alte Zeit“, von der so viele Menschen nostalgisch träumen, eigentlich nie gegeben hat: Jede Zeit, jede Epoche, jede Gesellschaft, hatten ihre Ängste, ihre Kriege, aber auch ihre Krankheiten, ihre Verirrungen, jeweils geprägt durch den Geist ihrer Zeit!

Auch wir werden vom Geist der Zeit, vom Leben in dieser Zeit, geprägt. Obwohl wir es nicht unbedingt bewußt empfinden, verspüren wir diesen Geist der Zeit: Er ist unser Begleiter auf Schritt und Tritt, von früh bis spät. Wir spüren,

– daß es immer schwerer wird, einfach zu leben, das Leben

nach eigenen Vorstellungen zu gestalten, vor den Kräften gesellschaftlicher Manipulation nicht zu kapitulieren,
- daß alles stressiger, hektischer, schnellebiger wird, keiner mehr so richtig Zeit für sich und für den Mitmenschen hat,
- daß die zwischenmenschliche Kommunikation immer mehr zum Opfer von Medien der Massenkommunikation wird.

Aber – nicht ohne Folgen für die Gesundheit: Nicht nur körperlich, sondern auch seelisch, im familiären, gesellschaftlichen Wohlbefinden, in der Fähigkeit der Bewältigung des Lebens. Negative Entwicklungen aus dem Geist unserer Zeit sind spürbar: *Die seelische Belastbarkeit für Kränkung ist gesunken,* in zeitgleicher Kombination mit einem Anstieg seelischer Belastungen, die all das umschließen, was zur Ursache von seelischen Störungen und Krankheiten werden kann: „Wie konnte ich das nur bekommen ... ?" so oder ähnlich fragt sich dann der krank gewordene Mensch. Er fragt aber auch: „Wer kann mir helfen?", – eine Frage, die zunehmend Menschen sich stellen, die durch Kränkung krank geworden sind, die es so schwer haben, von ihrem seelischen Leidensdruck befreit zu werden!

Die stetige Zunahme von Krankheiten der Psyche, des Gemütes, des vegetativen Nervensystems stellt aber auch den Arzt, die Medizin insgesamt, vor Aufgaben, die sie alleine nicht lösen können: Heute sind es eben nicht mehr überwiegend Krankheiten des Körpers, Krankheiten durch Bakterien, Bazillen, Viren, die krank machen, denn *immer mehr machen „seelische Risikofaktoren"** krank: entspringend aus dem schwachen ICH, aus der gestörten zwischenmenschlichen Beziehung in der Familie, in der Schule, am Arbeitsplatz, in der Gesellschaft. Die dadurch verursachten Krankheiten der Psyche, des Gemütes, des Körpers, sind äußerst vielgestaltig, in allen Bereichen mit Kränkungen in Verbindung stehend; Von der Vielzahl psychovegetativer, psychosomatischer, psychosozialer Krankheiten, der reaktiven Depression, bis zur Gefährdung des eigenen Lebens durch Suizid –, Probleme der

* Ausführliche Darstellung in: „Seelische Risikofaktoren, – erkennen, überwinden!", Rudolf Köster, 2. Aufl., 104 Seiten, Expert Verlag, 7044 Ehningen.

Gesundheit, des Lebens, für immer mehr Menschen, aber auch für deren Angehörige, die oft an der Grenze ihrer Hilfsmöglichkeiten angelangt sind. Diese Entwicklung ist eine gesundheitspolitische *Herausforderung der Gesellschaft:* Unter dem Druck der Notwendigkeit einer ständigen Erweiterung ambulanter und stationärer Einrichtungen zur Behandlung und Pflege des seelisch Kranken ist sie zum raschen Handeln in der Verbesserung der Grundversorgung gezwungen.

Hier ergeben sich untrennbare Beziehungen zur Gesundheitspolitik. Die Verantwortung von Politikern, die an entscheidender Stelle stehen, ist allerdings viel umfassender als in der politischen Alltagsroutine vermutet wird, denn: *Jede politische Entscheidung betrifft auch den Menschen,* seine Gesundheit, sein Leben: Den jungen und alten Menschen ebenso wie den Gesunden und Kranken, aber auch alle, die zur Hilfe am Menschen, für den Menschen verpflichtet, berufen, bereit sind. In der Geschichte der Menschheit waren diese Beziehungen noch nie so aktuell, so lebenswichtig wie heute: *„... Politik ist nichts weiter als Medizin im Großen“.* Mit dieser schlichten Formulierung erkannte bereits 1848 *Rudolf Virchow* (1821–1902), einer der größten Ärzte seiner Zeit, die fundamentale Bedeutung der Politik auch für die Gesundheit des Menschen. Wir müssen uns diesen Appell wieder ins Bewußtsein drücken, ihn im politischen und gesellschaftlichen Handeln verwirklichen, wenn der Panoramawandel der Krankheiten unserer Zeit nicht mehr das Spiegelbild einer kranken Familie, Gesellschaft und Umwelt sein soll!

In allen diesen Bereichen wird aber auch die Medizin herausgefordert: *Die Zunahme seelischer Krankheiten zwingt zum Umdenken!* Hier hat die Medizin einen großen Nachholbedarf in ihrer Konzentration auf Krankheitsbilder, die ihren Ursprung aus den veränderten Lebensbedingungen des Menschen der Gegenwart nehmen:

- Aus der Bedrohung von Gesundheit und Leben durch eine kranke Umwelt mit Einjagen von Angst in breiten Kreisen der Bevölkerung,
- aus dem Absinken seelischer Belastbarkeit mit stetigem Anstieg seelischer Belastungen, von Streß, von Hektik,

- aus Problemen in der Bewältigung des Lebens, eines Lebens gesellschaftlicher Vereinsamung, der Einsamkeit des Alters.

Aus allen diesen Bereichen entspringen Krankheiten der Psyche. Solange aber in der Medizin der Gegenwart noch das somatische Denken, die Konzentration auf Krankheiten des Körpers überwiegt, auch in der Ausbildung des ärztlichen Nachwuchses den Schwerpunkt darstellt, wird der seelisch kranke Mensch mit seinem Leidensdruck auch weiterhin benachteiligt, durch Mangel an Verständnis, im Angebot von Hilfen, nicht verstanden, gekränkt sich fühlen. Diese Kontraste in der Medizin zwischen „körperlich" und „psychisch" zwingen zu einer Frage kritischer Standortbestimmung:

Medizin – quo vadis?

Ja – wohin entwickelt sich die Medizin? Hat sie sich mit ihren Möglichkeiten ambulanter und stationärer Behandlung an der tatsächlichen Notwendigkeit orientiert? Oder hat sie sich zu einseitig auf die Krankheiten des Körpers konzentriert? Aus dieser Frage ergibt sich eine viel diskutierte Zusatzfrage: *Immer mehr Technik auch in der Medizin, aber weniger Menschlichkeit?* Die Erkennung von Krankheiten ist inzwischen so perfektioniert, daß es „praktisch keinen gesunden Menschen mehr gibt ...". Es fällt schwer, hier *Aldous Huxley* (1894–1963) zu widersprechen, nachdem es diagnostisch möglich wurde, in alle Bereiche des Körpers einzudringen. Da wäre es schon fast ein Wunder, nicht irgendwo auf einen Befund zu stoßen, der noch ganz „normal" ist, dessen Kenntnis aber zwangsläufig verängstigt. Also:

Kränkung durch krankhaften Befund? Vom schlechten Befund zum schlechten Befinden? Im Vordergrund stehen hier Störungen im Wohlbefinden durch Verunsicherung, durch Ängste, vielleicht doch krank zu sein: „Ich habe es doch geahnt, daß mit mir etwas nicht in Ordnung ist ..., ich bin nicht mehr der, der ich mal war ..." Und – „Verdacht auf Tumor ..., auf Herzinfarkt ..."? Jeder Arzt weiß, wie schwer es ist, in einer Situation diagnostischer Verunsicherung, einen Patienten vor Selbstkränkung durch Angst um die Gesundheit zu schützen, damit nicht Angst selbst zur Krankheitsursache wird. In direktem Zusammenhang damit steht aber auch eine Frage, die immer mehr Menschen besorgt macht:

Wird die Medizin der Zukunft eine „Apparatemedizin" sein? Gewiß –, mit ihr wird es noch mehr Fortschritte in der Behandlung körperlicher Krankheiten, in der Rettung menschlichen Lebens an der Schwelle des Todes, in der Verlängerung der Lebenserwartung geben –, Geschenke an die Menschheit! Gibt es aber vergleichbare Geschenke auch für den Menschen mit einer Krankheit der Seele, des Gemütes? Eine Antwort auf diese Frage gibt keine Statistik, sondern die Realität der Medizin der Gegenwart: Immer mehr Menschen, jung und alt, suchen Hilfe, Befreiung von ihrem seelischen Leidensdruck: „Wohin soll ich mich wenden, wenn Gram und Schmerz mich drücken ... ?", so oder ähnlich fragen sinngemäß viele von ihnen mit einem Text aus der „Deutschen Messe" von Franz Schubert nach mancher Enttäuschung, Kränkung, auf der Suche nach Hilfe. In Vorahnung dieser Entwicklung in der Medizin durch immer mehr Technik, ihrer Entfernung vom Menschen, warnte Ferdinand HOFF bereits 1944, als Chef der Medizinischen Universitätsklinik Frankfurt/M., vor *„Entseelung der Medizin"* – eine eindrucksvolle Warnung in einer Zeit, in welcher die Beziehung zwischen Arzt und Krankem noch wesentlich persönlicher sein konnte als heute. Die Fortschritte der Medizin zwingen zur Ernüchterung, denn es gilt, den Kranken nicht nur *am* Leben, sondern auch *im* Leben zu behalten!

Jeder Arzt weiß, wie schwer es oft ist, hier Grenzen zu ziehen: Zwischen dem „nil nocere", der Vermeidung gesundheitlicher Schäden durch den Einsatz von Technik, von Medikamenten einerseits, und der Verantwortung, zu helfen, zu heilen, andererseits.

Immer mehr wird erkennbar: *Der Arzt von heute ist nicht mehr der Arzt von gestern:* Mehr als seine Kollegen früherer Generationen begegnet er einem Patienten, der über den neuesten Stand der Behandlung auch seiner Krankheit durch die Medien bereits informiert ist: Der Arzt hat sich daher heute mehr mit einem „ausgebildeten" als mit einem „eingebildeten" Kranken, dem früheren Hypochonder, zu befassen: Diese

Konstellation fordert den Arzt von heute mehr als den Arzt von gestern, den eigentlichen „Hausarzt", der die Familie seines Patienten oft mit 2 oder 3 Generationen kannte. Dadurch erhielt er zumeist auch wichtige Hilfen für die bestmögliche Behandlung. Strukturelle Veränderungen in der Familie, in der ambulanten ärztlichen Versorgung, die dynamische Entwicklung medizinischer Diagnostik und Therapie blieben nicht ohne Auswirkung auf die Beziehungen zwischen Arzt und Patient: Je mehr die medizinische Technik den Menschen, den Arzt, aus dieser Beziehung verdrängt, je unpersönlicher der Kontakt in der Praxis, in der Sprechstunde, verläuft, umso mehr entsteht dadurch in manchem Patienten das Gefühl, nur eine Sache zu sein – er fühlt sich gekränkt!

Der Arzt von heute steht vor neuen Aufgaben! Die stetige Zunahme psychosomatischer, psychosozialer Krankheiten fordert ein ärztliches Engagement, das für den Arzt vor wenigen Jahrzehnten praktisch noch nicht bestand. Jeder Arzt weiß, daß er sich bei derartigen Krankheiten, der „Pest der Seele", immer auch mit dem gesellschaftlichen Umfeld seines Patienten befassen muß, mit krank machenden seelischen Risikofaktoren aus der Familie, der Schule, vom Arbeitsplatz –, der menschlichen Umwelt.

Jeder Arzt, der sich dort engagiert, der seinem Patienten helfen will, weiß aber auch, daß wirksame Hilfen hier nicht vom Rezept, vom chemischen Medikament, sondern von seelischen Arzneimitteln, von Zuwendung, von Zeit kommt. Sie sind Voraussetzung für *das Gespräch, dem wichtigsten seelischen Arzneimittel:* Das Gespräch zwischen dem Arzt, der konzentriert zuhört, und dem Patienten, der alles, was ihn kränkte, krank machte, sich „von der Seele reden" kann, was er vorher nie konnte: Ohne ein gut funktionierendes Gespräch gibt es hier keine Heilung! Zunehmend wird der Arzt psychotherapeutisch gefordert: Viele seelisch Kranke sehen in ihm einen Retter in Not, die letzte Hoffnung in der Befreiung vom seelischen Leidensdruck, ja – *der Arzt von heute wurde auch zum „Ersatz-Beichtvater"*, zu einer Art von Klagemauer, zu einem Menschen, der sich um die Seele von Menschen sorgt, die über alles, was sie schon über lange Zeit seelisch bedrückte, kränkte, nicht sprechen konnten: Weil man ihnen nie zuhörte, ihnen gleich „über den Mund“ fuhr, sie mundtot machte. In der Heilung dadurch verursachter Krankheiten kann nur das wirken, was fehlte: Die Öffnung der Seele durch ein Sprechen, das Gehör findet! Jeder Arzt weiß, wie sensibel dieser Bereich in der gut funktionierenden Beziehung zu seinem Patienten ist, wie rasch ein Kranker sich gekränkt fühlt, wenn sein Arzt nicht zuhört. Hier steht mancher Arzt selbst in einem kränkenden Spannungsfeld zwischen seinem guten Willen und der äußeren Verhinderung in der Verwirklichung seiner Bereitschaft, seinem Patienten Gehör zu schenken: „Wir haben jede Menge Spezialisten aber keine Ärzte mehr...“ klagte eine Frau, die von schwerer Krankheit betroffen ist, in einer Leserzuschrift (1990):

Haben wir zu viele oder zu wenige Ärzte? In der Bundesrepublik gab es 1962 74500 Ärzte, 1989 waren es 188200 –, so viele Ärzte wie nie zuvor. Rein statistisch gesehen, könnten es dann „zu viele“ Ärzte sein. Man spricht daher auch gerne von einer „Ärzteschwemme“. Und die Wirklichkeit? Immer mehr Patienten beklagen sich, daß ihr Arzt zu wenig Zeit für sie habe, eine bedrückende Situation auch für jeden Arzt, der sich in der Zeit für Zuwendung und Gespräch überfordert fühlt, der sehr wohl weiß, daß er für seinen Patienten mit seelischem Leidensdruck ein Mehrfaches an Zeit benötigt im Vergleich zum körperlich Kranken:

Genau aus diesem Bereich entspringen viele Ursachen für den ansteigenden Bedarf an Ärzten in der Praxis, im Krankenhaus, in der Klinik, an Ärzten, die wirklich Zeit für den seelisch, psychosomatisch, psychosozial Kranken haben, Zeit für das analysierende, für das helfende, für das heilende Gespräch, denn *jeder Mangel an ärztlicher Zuwendung, an Zeit, kränkt!*

Der davon betroffene, dadurch enttäuschte Kranke gerät in Gefahr, nun in Medikamenten, in Außenseitermethoden der Medizin, in „Wunderheilern“, seine Zuflucht zu suchen –, gar oft ein Weg neuer Enttäuschungen, neuer Kränkungen des psychosomatisch Kranken. Diese Entwicklung hat die Medizin nicht unbetroffen gelassen, zwang zum Nachdenken, zur *Verbesserung der „psychosomatischen Grundversorgung“.*

Ob dieser gute Vorsatz in seiner jetzigen Gestaltung ausreichen wird? Noch ist die Zeit dafür – seit 1987 – zu kurz, um erkennen zu können, ob aus einem Hoffnungsschimmer am Horizont, eine berechtigte Hoffnung für mehr Zuwendung, für mehr Zeit, in der Beziehung zwischen Arzt und psychosomatisch Kranken werden wird. Voraussetzung dafür ist in jedem Falle eine, dem tatsächlichen Bedarf entsprechende Anzahl von Ärzten, deren Engagement, Zeitaufwand, für den psychosomatisch Kranken auch in der amtlichen Gebührenordnung für Ärzte „gebührend“ berücksichtigt werden müßte. * Daher wurden Ärzte, die sich durch Forderung einer freien Berufsausübung für ihre Patienten einsetzen, selbst initiativ: Sie wehren sich gegen eine „zunehmende Bürokratisierung des Arztberufes, um damit wieder mehr Zeit für die eigentliche Betreuung des Patienten zu haben ...“ –, ein Programm, das die gegenwärtige Problematik im Zugang des Arztes zu seinem Patienten realistisch widerspiegelt!

Die positive Mitarbeit des Patienten, die „Compliance“, kann nur funktionieren, wenn der Patient durch seinen Gesundungswillen aktiv an der Wiederherstellung seiner Gesundheit mitwirkt, bereit ist, dafür auch persönliche Opfer zu bringen, auf gesundheitsschädigende „liebe Gewohnheiten“ zu verzichten. Die beste Behandlung durch den Arzt, die besten Medikamente, versagen, wenn die Compliance nicht ernst genommen, alles nur vom Arzt erwartet wird, denn *der Kranke ist sein bester Arzt,* nicht erst in der Krankheit, sondern bereits im Gefühl, im Geschenk guter Gesundheit. Viele gesundheitliche Probleme, viele körperliche Schmerzen, seelische Störungen durch Krankheit, wären durch Verwirklichung des Grundgesetzes zum Schutze der Gesundheit vermeidbar.

„Nur vorsorgen schützt vor Sorgen!“, aber nicht nur – wie allzuoft noch angenommen wird – gegen Krankheiten des Kör-

---

* Aktuelle Informationen in diesem Bereich verdanke ich Herrn Dr. med. Peter Schwoerer (Titisee-Neustadt), Vorsitzender der Kassenärztlichen Vereinigung Südbaden.

pers, sondern auch der Psyche, es lohnt sich immer: Wenn die Gesundheit der Psyche, des Gemütes, genau so ernst genommen würde wie das Engagement für den Körper, es in gleicher Weise auch ein „Training“ der Seele wie für den Körper gäbe, nicht nur die körperliche, sondern auch die seelische Immunität Ziel der Prävention wäre, müßten nicht immer mehr Menschen in seelischer Not, durch Risikofaktoren, durch Immunschwäche gegenüber Kränkungen aller Art seelisch krank werden! Aber nicht nur die „Gesellschaft“, die „Medizin“, jeder Mensch ist für sich selbst in der Verantwortung, es gar nicht erst so weit kommen zu lassen, eine gutgemeinte Warnung von *Sebastian Kneipp* (1821–1897) beachtend:

„Wer nicht jeden Tag etwas Zeit für die Gesundheit aufbringt, muß eines Tages viel mehr Zeit für die Krankheit opfern ...“

3.
Der Problempatient – ein Kranker in Kränkungsgefahr

Er ist ein Problem nicht nur für sich selbst, für seinen Arzt, sondern auch für seine Familie, am Arbeitsplatz –, überall mit dem Problem, ihn mit seinem Leidensdruck so schwer verstehen zu können. Der noch nicht sehr alte Begriff „Problempatient“, den wir *Viktor von Weizsäcker* (1886–1957), dem Pionier der Psychosomatik, verdanken, ist ein Sammelbecken für zahlreiche Krankheitsbilder, die nicht nur ein Problem für den Patienten selbst, sondern auch für den Erfolg therapeutischer Bemühungen seines Arztes sind. Oft steht dieser vor einem Rätsel, fühlt sich verunsichert, weil er – trotz umfangreicher Bemühungen – seinem Patienten nicht wirksam helfen kann. Um an die Ursachen der gesundheitlichen Störungen heranzukommen, werden alle nur möglichen diagnostischen Wege beschritten. Damit ist *der Problempatient der am umfangreichsten untersuchte Kranke:*

- die Zahl der Arztbesuche ist überdurchschnittlich, aber verbunden mit kritischer Einstellung gegenüber dem Arzt: „Das meinen Sie, Herr Doktor .., ich hab's doch nicht im Kopf ..., ich bin doch nicht verrückt ...“
- Häufiger Arztwechsel: „Der konnte mir auch nicht helfen ..., ich gehe jetzt zu einem anderen Arzt ..., zum Heilpraktiker ..“.
- Trotz aller Untersuchungen – bis zur Computertomografie: „Kein krankhafter Befund“.
- Trotz Verschreibung aller Arten von Medikamenten für „das Herz“, „den Magen“, „die Nerven“ – die gleichen Beschwerden.
- Auch die Behandlung im Krankenhaus, im Sanatorium, brachte keine Besserung: „Man hat alles an mir behandelt,

nur nicht meine Seele ...", klagte ein Patient nach seiner Entlassung.

Die Problempatienten haben eine Gemeinsamkeit: *Ein krasses Mißverhältnis zwischen Befund und Befinden:* Kein krankhafter Befund an den Organen, aber Schmerzen an den Organen des Körpers –, ein schwer entflechtbarer Teufelskreis von Ursache und Wirkung, in welchem der Problempatient sich hilfesuchend hin und her bewegt. Zum gesundheitlichen Schicksal des Problempatienten gehört allzuoft auch *Kränkung durch Unverständnis, gar Mißachtung:* „Der tut doch bloß so ..., der könnte, wenn er nur wollte ..., dem könnte es auch nicht schaden, wenn er mal arbeiten würde ...": Kränkende Formulierungen, mit zusätzlichen Problemen für den Problempatienten, der nun noch mehr enttäuscht ist: Er wird *durch Kränkung noch kränker!*

„Ihr habt gut lachen ..., ihr wißt ja gar nicht, wie krank ich bin .., meinem ärgsten Feind würde ich das nicht gönnen ...", – verbale Rufe um Verständnis, um Hilfe in einer Verstrickung von Selbstkränkung und Kränkung, weil man dem davon betroffenen Problempatienten seinen Leidensdruck nicht glaubt, oft auch nicht ansieht, ihn gar für einen Simulanten hält. Diese Vorurteile kränken, zumeist sind sie auch ungerecht, denn *der „Problempatient" ist Symbol diagnostischer Verlegenheit:* Je weniger es gelingt, die versteckten Probleme, die zur irritierenden Vielfalt der gesundheitlichen Klagen führten, zu erfassen, desto größer wird diese Verlegenheit, desto schwerer fällt es, die davon betroffenen Menschen mit ihrem seelischen Leidensdruck ebenso zu verstehen wie den Kranken mit körperlichem Schmerz: Oft besteht hier allerdings die Gefahr für den Problempatienten, durch Mangel an Verständnis eher zusätzlich gekränkt als verstanden zu werden. Der Zugang zum Problempatienten ist für jeden Arzt eine besondere Herausforderung, denn *viele Krankheitsbilder führen zum „Problempatienten":* Sie entspringen aus einer breiten Palette teils eigenständiger, teils miteinander verflochtenen Störungen oder Krankheiten der Psyche, des Gemütes, des vegetativen Nervensystems – jeweils charakterisiert durch Probleme ihrer diagnostischen Sicherung. Im Vordergrund stehen hier

- *psycho-vegetative Fehlsteuerungen* mit ihren zahlreichen Symptomen an Organen, an erster Stelle des Herzens, die vom vegetativen Nervensystem gesteuert werden, in untrennbarer Abhängigkeit von der Psyche: Die Ursache für viele Störungen an den „inneren Organen" muß in diesem Bereich gesucht werden. Enge Beziehungen dazu haben
- *psycho-somatische Krankheiten,* wenn seelische Belastungen nicht abgewendet, abgewehrt werden, sondern in die Psyche, in das Gemüt eindringen, um von dort aus den Körper krank zu machen.

3.1 Der verhaltensgestörte Mensch

Er hat oft einen langen Leidensweg voller Kränkungen hinter sich bis sein Abweichen von der Verhaltensnorm der Gesellschaft, das ein schillerndes Bild psychischer Störung bietet, als Krankheit erkannt wurde und behandelt werden konnte: Die Verhaltenstherapie hat hier erfreuliche Fortschritte erzielen können. Entscheidend ist aber stets die Früherkennung einer Verhaltensstörung, um davon betroffenen Menschen eine Vielzahl von Kränkungen durch ihre mißverstandenen Auffälligkeiten im Verhalten, ersparen zu können.

3.2 Der Hysteriker

„Der/die ist doch hysterisch ...", pflegt man von Menschen zu sagen, die mit ihrem, nicht einfühlbarem, gar theatralisch wirkendem Verhalten, bisweilen begleitet von bizarrer körperlicher Motorik, auffallen. Mit diesen Störungen, die aus dem Unterbewußtsein gesteuert werden, wird der Hysteriker in seiner Umgebung zumeist mißverstanden. Daraus ergeben sich nahezu zwangsläufig alle Arten von Kränkung, die seine seelische Sensibilität, als Ursache und Folge von Hysterie, zusätzlich belasten.

3.3 Der Hypochonder

Mit seiner zwanghaften Selbstbeobachtung körperlicher Vorgänge, die er penibel registriert, gar aufschreibt, die auch den wesentlichen Inhalt seiner Gespräche ausmachen, stößt der Hypochonder weniger auf Verständnis als auf Ablehnung, die ihn kränkt: „Kein Mensch weiß, wie sehr ich leide, keiner versteht mich ... !" Allerdings kann hier manches Unrecht geschehen: Hypochondrie ist nicht selten ein Signal des Angstsyndroms, einer maskierten Depression, deren Behandlung die „Hypochondrie" zum Abklingen bringen könnte.

3.4 Der Neurastheniker

Schon vom Namen her ist ein Bezug der Neurasthenie zu den „Nerven" erkennbar, in wörtlicher Übersetzung ist es „Nervenschwäche", was aber nicht viel besagt. Im allgemeinen fallen darunter Menschen mit einem „schwachen Nervenkostüm", die schon bei geringer seelischer Belastung „die Nerven verlieren": Sie sind hochsensibel, explodieren bereits bei geringster Kränkung, sie sind „mit Vorsicht zu genießen", um genießbar zu sein. Der Volksmund hat für den neurasthenischen Menschen einen Ratschlag der Selbsthilfe bereit: „Haste nie, doch raste nie, sonst kriegst du die Neurasthenie!" –, eine Empfehlung, die auch einem vom Streß geplagten Menschen mit neurasthenischen Reaktionen Erleichterung bringen könnte.

3.5 Der Neurotiker

Menschen, mit deren Verhalten, gesundheitlichen Klagen, man nicht zurechtkommt, die überängstlich wirken, tituliert man gerne als neurotisch. Aber auch die Medizin hat mit diesem Begriff Probleme exakter Definition und Abgrenzung: Im allgemeinen sieht man in der Neurose einen Sammelbegriff für seelische Störungen mit symbolhaftem Ausdruck verdrängter, unbewältigter, unbewußter Konflikte, bereits in der Kindheit. Im Zentrum stehen Steuerungen aus dem Unterbewußtsein, die Auseinandersetzung mit dem „psychischen Apparat“ *(Sigmund Freud),* mit dem *Ich,* dem Triebverhalten durch das *Es* und dem *Über-Ich,* unserem Gewissen.

Das klinische Bild der Neurose ist vielfältig. Im Vordergrund stehen: Die Angstneurose, Sexualneurose, Zwangsneurose,Schwankungen in der Stimmungslage, Hemmung in der persönlichen Selbstdarstellung und Selbstverwirklichung, Rentenneurose, Kontaktprobleme, – eine Symptomatik, die zunehmend Menschen in der Überforderung ihrer Lebenssituation betrifft. *Blütezeit der Neurose?* – die Zunahme neurotischer Krankheitsbilder, der Anstieg der Sensibilität für Kränkungen, die vermehrten Gefahren, gekränkt zu werden, machen es schwer, dieser Formulierung aus dem Medienbereich zu widersprechen. Hier jedoch auch mit einer Einschränkung: Nicht jeder Mensch, der „neurotisch“ wirkt, den man so tituliert, hat in Wirklichkeit eine Neurose.

3.6 Der Psychopath

Wenn man mit einem Menschen nicht zurechtkommt, tituliert man ihn oft ohne besonderes Nachdenken als „Psychopath“. Dieser Reflex findet einen gewissen Bezug zur medizinisch-psychologischen Definition dieses Begriffes: „Psychopathie“ bezieht sich auf Menschen, die mit sich selbst nicht zurechtkommen, unter deren Verhalten aber auch ihre Umgebung leidet, ohne daß dafür eine seelische Krankheit vorliegt. Der Psychopath gilt insofern psychisch als noch normal, obwohl ihm die kritische Einsichtsfähigkeit in seine Lebenssituation fehlt. Dadurch kann er durchaus krank wirken, eine Konstellation, die den Umgang mit einem „Psychopathen“, aber auch Versuche der Hilfe, so schwer macht. Damit ist er vielen Kränkungen ausgesetzt, die ihrerseits die Gesamtsituation verschlechtern: Aus diesem Bereich können dann auch alle Arten von Aggressionen, die oft nicht mehr steuerbar sind, entspringen. Viele Menschen werden zu Problempatienten, weil die

Krankheit, die sie zum Problem ihrer Gesundheit werden ließ, nicht erkannt wurde.

3.7 Der depressive Mensch

Die Depression, die „menschlichste aller Krankheiten" *(Romano Guardini),* ist zugleich eine Krankheit mit vielen Möglichkeiten einer Kränkung: Allzuoft wird der depressiv Kranke mit der Vielfalt seiner gesundheitlichen Störungen nicht verstanden, eher als „neurotisch", „hysterisch" mißverstanden, eingestuft, wenn die depressiven Symptome einer maskierten, larvierten Depression nicht deutlich in Erscheinung treten. Besonders verletzend wirken hier kränkende Vorwürfe: „Du könntest, wenn du nur wolltest ..., nun reiß dich mal zusammen ...!" Genau dies und alles, was körperliche Aktivität erfordert, kann der depressiv Kranke eben nicht: Wenn man so oder ähnlich zu ihm spricht, kann dies in der aktuellen Situation dieser Krankheit mehr kränken, mehr krank machen als der Leidensdruck der Depression selbst: Anstatt der menschlichen Hilfe, die hier ein unersetzbares, antidepressiv wirksames seelisches Arzneimittel wäre, verstärkt ein gefährlicher Wegbereiter in die Depression, die Kränkung, den seelischen Schmerz durch Depression, aber auch die Depression selbst.

Nicht nur der depressiv Kranke, jeder Kranke mit seelischen Störungen, seelischer Krankheit steht vor einer – auch aus dem Unterbewußtsein gesteuerten – Problematik, die es oft so schwer macht, ihm wirksam zu helfen, dem Arzt, aber auch allen, die ihm helfen wollen, helfen könnten: *Die Hemmung, zur seelischen Störung sich zu bekennen,* damit sich selbst einen leidvollen Weg zum Problempatienten bahnend: „Ich spinne doch nicht ..., sowas gab es noch nie in unserer Familie ..." Unausgesprochen, in der Tiefe ihres Unterbewußtseins, haben Menschen, die von seelischen Störungen betroffen wurden, oft nur Angst, als psychisch krank, als „ nicht mehr normal", gar als „verrückt" zu gelten. Daraus ergibt es sich auch, daß es dem seelisch Kranken viel leichter fällt, über körperliche Symptome zu sprechen als über seine seelische Krankheit, die diese Symptome verursacht, über Konflikte in der Ehe, am Arbeitsplatz: Über die „Magenverstimmung" redet es sich leichter als über die Verstimmung der Psyche, über den Kopfschmerz, die Migräne leichter als über die Depression. Die mittelalterliche Vorstellung von der Unheimlichkeit seelischer Krankheiten schlägt hier voll zu. Wer will in unserer Gesellschaft des Leistungs-, Erfolgs- und Prestigedenkens „psychisch krank", „nervenkrank" sein! Dann doch lieber „Hals- und Beinbruch" sich wünschen lassen, 10mal lieber körperlich krank als psychisch krank durch Kränkung. Aber *auch der körperlich Kranke kann ein Problempatient werden,* wenn er nicht in der Lage ist, es nicht gelernt hat, sich mit den Auswirkungen der Krankheit des Körpers realistisch auseinanderzusetzen, sich auch mit der Psyche zu arrangieren. Allzuoft wird hier – ganz zum Nachteil der Chancen, eine Krankheit besser zu ertragen, gar zu heilen – *das Grundgesetz der Heilung von Krankheiten mißachtet:* Körper und Seele, Seele und Körper sind auch in der Krankheit nicht voneinander trennbar: Der kranke Körper braucht auch die Seele, um wieder gesund zu werden!

Sie ist ganz wesentlich daran beteiligt, die Immunkräfte des Körpers zu stärken – für die Heilung vieler Krankheiten ein unersetzbares seelisches Medikament: Die Selbstbeeinflussung durch positives Denken, die Autosuggestion, in Kombination mit autogenem Training, mit Meditation, kann therapeutisch oft mehr erreichen als ein Medikament. Ganz im Gegensatz dazu stehen körperlich Kranke, die durch negative, pessimistische Gedanken ihre seelischen Abwehrkräfte selbst schwächen: „Ausgerechnet ich muß das kriegen ..., womit habe ich das eigentlich verdient ..., mir ist jetzt alles egal ...": Mit diesen oder ähnlichen Formulierungen schneidet sich der körperlich Kranke „ins eigene Fleisch", er kränkt sich selbst, nun wird auch die Seele krank –, ein Kreis schließt sich.

4.
Wer ist durch Kränkung besonders gefährdet?

Menschen, die in diesen Fragenbereich fallen, gruppieren sich im wesentlichen um zwei große Ursachenbündel. Darunter fallen:

- Menschen, die durch ihre berufliche Position, ihr publikumsintensives Engagement, ihr hohes Amt in der Wirtschaft, in der Politik, durch ihre herausragenden Erfolge in der Literatur, der Kunst, der Musik, durch ihre Rekorde im Sport, im Blickpunkt des kritischen Auges der Öffentlichkeit stehen. Damit kommen sie nicht nur in den Genuß von Ansehen, Verehrung, Bewunderung, sie geraten auch in den Sog aller Arten von Kränkungen: Je mehr sie aus dem kränkungssicheren Schützengraben gesellschaftlicher Toleranz, bisheriger persönlicher Integrität herausgehoben werden, sich selbst herausbegeben, umso mehr betreten sie das Schußfeld von Kränkungen, die gar zum seelisch schwer verletzenden Trommelfeuer aus allen Bereichen der Medien, der Öffentlichkeit, entarten können. Eine ganz andere Ausgangsposition für besondere Gefährdung durch Kränkungen ergibt sich für

- Menschen, die sich in einer Situation ihres Lebens befinden, die sie zwangsläufig in eine Abhängigkeit von Menschen bringt: Im Falle einer positiven Gestaltung dieser Abhängigkeit ergeben sich keine Belastungen durch Kränkung. Je mehr jedoch ein Mensch – ob jung oder alt, ob pflegebedürftig oder nicht – seine Abhängigkeit durch Mißachtung der Individualität, durch seelischen Druck einer Manipulation negativ zu spüren bekommt, umsomehr wird nun Kränkung zur seelischen Last für den weiteren Verlauf des Lebens, für die Freude am

Leben. Ganz besonders betroffen von dieser Möglichkeit einer Kränkung, zugleich begleitet von tiefgreifenden Hindernissen für die Entwicklung zu seinem Leben, ist das Kind.

4.1 Das Kind

„Ein Mensch erblickt das Licht der Welt,
doch oft hat sich herausgestellt
nach manchem trüb verbrachten Jahr,
daß dies der einzige Lichtblick war.“

So ganz unrecht hat der dichtende Lebensphilosoph *Eugen Roth* nicht, wenn wir realistisch die Gefährdung der seelischen Gesundheit von Kindern durch Kränkung betrachten: Mehr als je zuvor müssen sich Hausärzte, Kinderärzte, Schulärzte, Psychologen. Sozialpädagogen mit Störungen, Krankheiten von Kindern, Jugendlichen befassen, die nicht durch Unterernährung des Körpers entstanden sind, sondern durch eine Krankheit der Psyche, des Gemütes, als Folge eines Mangels an Zuwendung, Zärtlichkeit, Zeit: Jedes Kind mit diesem Mangel ist bereits gekränkt, ohne daß nur ein einziges „böses Wort“ fiel: „Unserem Kind fehlte es an gar nichts, wir schenkten ihm alles, was es nur wollte ...“ Auf die Frage des Arztes herrschte Verlegenheit: „Schenkten Sie ihm denn auch von Ihrer Zeit?“; „Nein, die hatten wir allerdings nicht ...“ Solche oder ähnliche Formulierungen finden sich im Gespräch des Arztes für Kinder- und Jugendpsychiatrie mit den Eltern des seelisch krank gewordenen Kindes, oft mit einer zu späten Erkenntnis: *Die seelische Gesundheit des Kindes ist nicht mit Geld bezahlbar,* ganz im Gegenteil –, jeder Versuch, durch Geld, durch üppige Geschenke, für die oft kein Platz mehr im Kinderzimmer ist, sich von der Zeit freizukaufen, ist eine Kränkung: Die Sensibilität von Kindern jeden Alters für Kränkungen wird allzuoft verkannt, sie kann aber nicht hoch genug eingestuft werden, wenn Gesundheit und Leben nicht ihr Opfer werden sollen. Höchst eindrucksvoll erkannte dies bereits in der „guten alten Zeit" *Matthias Claudius* (1740–1815), auf Kränkung durch Geschwisterneid sich beziehend:

> „Drum mag ich nicht mehr länger leben,
> verhaßt ist mir des Tages Licht.
> Mariechen tat sie Kuchen geben,
> mir aber nicht."

Durch klinische Erfahrungen, hier durch eine Äußerung aus der Klinik für Kinder- und Jugendpsychiatrie der Universität Würzburg (Professor Dr. *Gerhardt Nissen* und Dr. *Götz-Erik Trott,* 1989), wird *Mathias Claudius* hinsichtlich der Gefahren für das Leben eines Kindes durch scheinbar geringe Kränkung bestätigt: „Die Suizidanlässe sind gerade bei Kindern und Jugendlichen nicht selten von großer Banalität ...". *Nissen* und *Trott* nahmen in diesem Zusammenhang Bezug auf einen „Tadel der Eltern, eine mißglückte Klassenarbeit oder einen verbotenen Ausgang ..." Sie nahmen dabei auch Bezug auf Kränkung durch Ablehnung oder Vernachlässigung: „ ... ich gehe, damit du dich nicht mehr über mich ärgern mußt ..., das hast du davon, wenn ich mich töte ...": Die potentielle Gefahr einer Selbsttötung ist der Extrembereich der Gewalt der Kränkung! Im Vorstadium wurden allerdings *seelische Warnsignale des gekränkt sich fühlenden Kindes* oft übersehen, als „Ungezogenheit", „Verhaltensstörung" falsch gedeutet. Die darunter fallenden Störungen der seelischen Gesundheit sind vielgestaltig: Von „Nervosität", motorischer Unruhe („Zappelphilipp"), über Eßstörungen („Suppenkasper"), Schlafstörungen, Konzentrationsmangel bis zu extremen Formen einer Aggression. Diese Auffälligkeiten im Verhalten müssen „richtig" verstanden werden, auch wenn sie oft recht ärgerlich sind, denn *jede Mißachtung seelischer Warnsignale ist Kränkung:* „So benimmt man sich nicht ..., mit so etwas wie mit dir muß man sich ja nur noch schämen ..., du bereitest uns nur Kummer und Sorgen ...": Formulierungen dieser oder ähnlicher Art sind krankmachende Kränkungen. Sie bahnen den Weg in die große Palette von psychosomatischen Krankheiten des gekränkten Kindes: Vom Kopfschmerz – zunehmend auch als „Migräne" –, das Ausreißen von Haaren, über das Bettnässen („das Kind weint über die Blase"), Nabelkolik, Fettsucht, Mitbeteiligung beim Bronchialasthma, bei Neurodermitis, bis zur Depression, Magersucht, der Anorexia nervosa, nicht selten mit einem Hungern „bis zum Tode".

Kränkungen behinderten hier nicht nur das Wachstum seelischer Wurzeln in der frühkindlichen Entwicklung, sie bahnten auch den Weg in das „Entwurzelungssyndrom", das zum Verlust des Gefühls der Geborgenheit, der Orientierung für den Sinn des Lebens, des Selbstwertgefühls führte.

Eine bedrückende Tatsache macht die Hilfe für Kinder in seelischer Not, in Gefahr für Gesundheit und Leben, oft recht schwer: Die Krankheit des Körpers „sieht" man, sie ist durch eine perfektionierte Untersuchungsmethodik feststellbar, das Kind mit körperlicher Krankheit zeigt gar auf die Stelle, die weh tut –, ein großer Kontrast zur Erkennung einer seelischen Krankheit des Kindes, dem es vor Schreck, vor Angst, „die Sprache verschlagen" hat, das mundtot gemacht wurde, und – schweigt: *Dieses Schweigen eines gekränkten Kindes schreit zum Himmel!* Für die verstummte Seele dieses Kindes spricht nun der Körper. Oft vergeht aber sehr viel Zeit bis die „Körpersprache" mit ihrer großen Anzahl von Krankheitsbildern verstanden wird, bis es gelingt, das Schweigen, den Mutismus, als eine seelische Krankheit des Kindes, zu heilen. Hier und überall, wo es um die seelische Gesundheit eines Kindes, um Krankheit durch Kränkung, geht, ist sein natürlichster, sein wichtigster Helfer die Familie.

4.2 Die Familie

Hort der Geborgenheit? Quelle für Kränkung?

„... Denn von nun an wird es so sein: Wenn fünf Menschen im gleichen Hause leben, wird Zwietracht herrschen: Drei werden gegen zwei stehen und zwei gegen drei, der Vater gegen den Sohn und der Sohn gegen den Vater, die Mutter gegen die Tochter und die Tochter gegen die Mutter, die Schwiegermutter gegen ihre Schwiegertochter und die Schwiegertochter gegen die Schwiegermutter ..."

Hier handelt es sich nicht – wie mancher Leser vermuten könnte – um eine kritische Analyse der Situation der Familie von heute, sondern um einen Auszug aus dem Lukas-Evangelium (12,49–53), fast mit entspannender Wirkung: Familienkonflikte sind also keine Exklusivität der „gestreßten" Familie von heute. Unterschiede ergeben sich allerdings in den Ursachen für Konflikte, und ganz besonders in der Fähigkeit, Familienkonflikte zu lösen, denn *die Familie von heute ist durch Kränkungen besonders gefährdet:* Mehr als je zuvor ist die „moderne Familie" Belastungen ausgesetzt, die noch vor wenigen Generationen unvorstellbar gewesen wären, geprägt durch einen tiefgreifenden Struktur- und Funktionswandel familiären Zusammenlebens: Die Großfamilie schrumpfte zur Kleinfamilie, aus der Mehrgenerationenfamilie wurde die Ein- bis Zweigenerationenfamilie. Manche *Funktionen der Familie von früher sind heute kaum mehr vorstellbar:*

- Man wurde in der Familie geboren, erlebte unmittelbar den Beginn menschlichen Lebens im Familienkreis.
- Man lebte in der Familie vom ersten Lebenstag an, der Verlauf des Lebens wurde vom Leben in der Familie geprägt.
- Man starb in der Familie, eindrucksvoll Geburt, Leben und Tod miteinander verbindend.

Natürlich war auch die Familie von früher keine Familie totaler Integration und Problemlosigkeit: Eine nach außen gut funktionierend wirkende Familie konnte innerlich zerstritten sein. Korsettstangen gesellschaftlicher Zwänge hielten sie zusammen, man hatte *mehr Geduld, sich zu ertragen,* – der Fluchtweg in die Scheidung war ein allerletzter Ausweg, der selten begangen wurde: Der Familie von früher unbekannte *Einflüsse von außen belasten die Familie von heute:* Aus der „Fluchtburg", dem „Hort der Geborgenheit" von einst, entwickelte sich zunehmend ein lockeres Gefüge interfamiliärer Beziehungen mit breiter Öffnung der Familie für Medien und Kommunikationsmittel, mit Verlagerung vieler persönlicher Aktivitäten außerhalb des Familienlebens.

Je weniger in dieser Entwicklungsphase eine Familie durch gut funktionierende Kontakte zusammengehalten wird, umsomehr steigt ihre *Anfälligkeit für Kränkungen,* die sich quer durch die ganze Familie ziehen, das Familiengefühl, den Familienfrieden gefährdend, gar zerstörend. Hier ergeben sich allerdings große Unterschiede für die einzelnen Mitglieder der Familie, gekränkt zu werden, jeweils in enger Beziehung zur seelischen Widerstandskraft, aber auch zum Rollenspiel im familiären Zusammenleben: Entscheidend ist hier für die Eltern ebenso wie für die Kinder, ob die Rolle, die sie „spielen“ eine Rolle ist, die ihnen „auf den Leib zugeschnitten“ ist oder, ob sie mehr eine tragische Rolle spielen, eine „lächerliche Figur“ abgeben.

Für das Rollenspiel hat der Volksmund ein großes Repertoire: Angefangen vom Nesthäkchen, dem Trotzkopf, dem Zornigel, über die Heulsuse, den Angsthasen, Nichtsnutz, Faulpelz, Chaoten, Clown, Pascha, Pantoffelhelden, Waschlappen, bis zum Haustyrannen: Im Kränkungsbereich hängt viel davon ab, wer in diesem Rollenspiel der Hauptdarsteller ist, wer die Nebenrollen zu spielen hat. Bei intensiverer Beschäftigung mit diesem familiären Rollenverhalten fällt auf, daß alle Altersbereiche, männlich und weiblich, mit einer Rolle bedacht werden können: Je mehr dieses Rollenverhalten das Selbstwertgefühl, die familiäre Geborgenheit, schwächt, umsomehr wird die Familie zur Krankheitsursache, provozieren familiäre Konflikte alle Arten von Kränkung.

Jedes, davon betroffene Mitglied der Familie gelangt *von der familiären Kränkung zur Krankheit der Seele:* Bei näherer Betrachtung der eigentlichen Ursachen familiärer Spannungen und Konflikte fällt auf, daß Kränkungen enge Beziehungen zur familiären Struktur und der Qualität der sich daraus ergebenden familiären „Berührungsflächen“ haben. Von besonderer Brisanz sind hier vor allem *Kränkungen durch Generationskonflikte.* In jeder Familie, in der Mißverständnisse, Mißtrauen, Vorurteile, gar Haßgefühle, gegenüber Verständnis, Vertrauen, Hilfsbereitschaft füreinander überwiegen, sind Konflikte zwischen den Generationen, zwischen Jung und Alt, zwischen Eltern und Kindern, programmiert. Hier ergeben sich aber auch enge Beziehungen zu großen persönlichen Kontrasten in der persönlichen Entwicklung, mit ihren Ursprüngen in der Kindheit: Auf der einen Seite durch das Leben in einer nicht sehr flexiblen „Traditionsgesellschaft“, teilweise noch verwurzelt in einer Welt von mehr Autorität in Familie und Gesellschaft, von mehr Familiengefühl. Auf der anderen Seite die Gegenwart, mit einer Generation, die nach außen wesentlich freier aufwächst, ungezwungener sich darstellen, leben kann, die durch ihr Image, ihre Bekleidung, dies nach außen dokumentiert, den „Turnschuh“ salonfähig machte, den Begriff „Turnschuh-Gesellschaft“ prägend.

Aus all dem ist erkennbar: *Die Nabelschnur familiärer Tradition wurde dünner –,* aber auch brüchiger. Je geringer die inneren, die persönlichen Kontakte zwischen den Generationen sind, umsomehr liegen hier oft *kränkende Konfliktanlässe:* „So etwas hätte es bei uns früher nicht gegeben ..., mit so etwas wie dir muß man sich ja direkt schämen ...“ sagt man allzurasch, ohne die schwere Kränkung, die daraus entstehen kann, zu bedenken, den Weg zu Mißtrauen, Ablehnung, gar Haß bahnend: „Wir verstehen uns einfach nicht mehr, zwischen mir und meinen Eltern liegt eine Kluft ... so wie die möchte ich niemals leben ... !“ So oder ähnlich beklagen sich junge Menschen, wenn sie sich von ihren Eltern nicht verstanden fühlen. In Wirklichkeit fehlte in kritischer Situation allzuoft nur der gut funktionierende Kontakt, der durch Mangel an Gesprächen, durch Gereiztheit, nicht ausgeräumte Mißverständnisse, zur gegenseitigen Mißachtung eskalieren konnte. Zumeist stehen die Folgen eines derartigen Generationenkonfliktes, oft mit Ausstieg aus der Familie und Einstieg in Drogen, in keinem Verhältnis zum kränkenden Anlaß, mit einer harten Erkentnis: *Bei Generationenkonflikten helfen keine Medikamente,* Hilfe kommt hier nur durch Zuwendung – Zärtlichkeit – Zeit –, jeder Mangel an diesem Arzneimittel kränkt, schürt den Generationenkonflikt. In enger Beziehung zur Generationsproblematik steht die Qualität der Erziehung, einen kränkenden Teufelskreis in sich bergend: Je spürbarer die Generationsprobleme in einer Familie, desto schwieriger wird die Erziehung, je größer die Erziehungsproblematik desto mehr eskalieren Generationsprobleme zum Familienkonflikt. Oft kommt es zur späten Erkenntnis: *Erziehung ist ein sensibler Kränkungsbereich!*

„Er ist aus gutem Holz geschnitzt...“: Diese volkstümliche Redensart vergleicht eindrucksvoll die Erziehung mit der Kunst des Schnitzens einer Figur aus Holz, mit so vielen Möglichkeiten für persönliche Gestaltung. Jeder kennt aber auch die Probleme: Alles, was an diesem „Holz“ irrtümlich, durch Mangel an Engagement, an Begabung, falsch geschnitzt wurde, ist verloren: Fahler durch falsches Schnitzen, durch falsche Erziehung werden sichtbar. Beide Bereiche haben wiederum eine Gemeinsamkeit: Ohne die Schnitzkunst je gelernt zu haben, können es Naturtalente zu höchster Kunst bringen, auch in der Erziehung des Kindes. Ohne jede Ausnahme prägt die Art der Erziehung die seelische, geistige, aber auch körperliche Entwicklung vom ersten Lebenstag an –, im Guten wie im Schlechten. Auch der Volksmund hat für diese Zusammenhänge ein gutes Gespür: „Das ist nicht von schlechten Eltern...“ sagt er, wenn ihm an einem Menschen etwas Positives auffällt.

Fast überrascht es, daß der prägende Einfluß der Erziehung bereits vor fast 2000 Jahren durch den griechischen Philosophen und Kirchenvater *Irenäus* erkannt und formuliert wurde: „Was man in der Kindheit erfährt, wächst mit der Seele und bleibt mit ihr vereint...“ Der Wert der Erziehung für die Entwicklung eines Menschen ist zwar allgemein bekannt, oft aber schwer realisierbar: Es gibt auch keine „Gebrauchsanweisung“ für die Erziehung: Immer und überall ist es die Beziehung von Mensch zu Mensch, die in der Erziehung alles entscheidet. Tragendes Fundament dafür ist das *Grundgesetz der Erziehung: Vorbild ist besser als Vorschrift,* als wichtigste Voraussetzung für den Erfolg in allen Bereichen der Erziehung.

„Das Leben der Eltern ist das Buch, in dem die Kinder lesen.“ Diese Worte des hl. Augustinus sind ein Auftrag an jeden Menschen, der erzieht, ein gutes Buch zu schreiben – ein Buch für das ganze Leben –, im Idealfall einen Bestseller!

Von der Erziehung nicht trennbar ist die unheimliche Rolle des heimlichen Miterziehers in fast jeder Familie, des Fernsehens. Bei Familienkonflikten – nicht nur durch Erziehungsprobleme – wird die Ursache „Fernsehen“ allzuoft vergessen, denn *Fernsehen ist ein brisantes Kränkungspotential der Familie:* Mehr als je vorhersehbar wurde das Fernsehgerät ein wichtiges Mitglied der Familie, das sich – durch seine magnetische Anziehungskraft als Alleinunterhalter der Familie – überall „lieb Kind" machen konnte. Es wäre aber völlig falsch, ganz allgemein zu behaupten, daß Fernsehen die Familie „kaputt" mache, daß „Fernseh"-Kinder aggressiv, so schwer zu erziehen seien, daß das Fernsehen ein Familientyrann sei.

In vielen Familien konnte sich allerdings – über die Gewöhnung – eine Dauerkränkung durch drogenähnliche Abhängigkeit vom Fernsehen entwickeln, mit zerstörerischer Wirkung auf die Kontakte in der Familie: Vom Streit über das einzustellende Fernsehprogramm, dem oft noch einzigen Familiengespräch, bis zu schweren Familienkonflikten, wenn vor lauter *Fern*-Sehen das *Nah*-Sehen, das Sehen der Familie, ausgelöscht, aus dem „trauten" Familienkreis von früher der Fernseh-Familienhalbkreis von heute, mit Auflockerung der Kontakte, wurde.

In jeder Familie, in der das Anschalten des Fernsehers zugleich das Abschalten des Gespräches bedeutet, in der das Familienprogramm durch das Fernsehprogramm programmiert wird, ist höchste Alarmstufe für den Familienfrieden, für die Stabilität dieser Familie gegeben. Sie ist in Gefahr, durch den Spaltpilz „Fernsehen" zerstört zu werden. Eine prophetische Weisheit aus dem Markus-Evangelium (3,20.35) ist hier höchst aktuell: „Wenn eine Familie in sich gespalten ist, kann sie keinen Bestand haben ..." –, eine Warnung, deren Beachtung die wirksamste Bremse im deprimierenden Anstieg von Ehescheidungen wäre, einschließlich der zwangsläufig sich daraus ergebenden massiven Kränkungen von Kindern in zerrütteten Ehen und durch Nachscheidungskonflikte: Sie sind häufig Ursache für seelische Krankheiten von „Scheidungs-Kindern", die durch Loyalitäts- und Identitätskonflikte aus ihrem seelischen Gleichgewicht geworfen wurden. Allzuoft sind diese Entwicklungen auch Spätfolgen chronisch-seelischer Vergiftung einer Familie durch die „Droge im Wohnzimmer", das Fernsehen.

Therapievorschlag: Lernen, mit dem Fernsehgerät umgehen

zu können, denn: *Fernsehen und Familie schließen sich nicht gegenseitig aus:* Sie können sich sogar sinnvoll ergänzen, aber nur, wenn das älteste Medium des Menschen, das *Gespräch,* in der Familie funktioniert – das Gespräch, als das wichtigste Medikament für die Gesundheit jeder Familie, ein unersetzbares Heilmittel auch für die bereits fernsehkrank gewordene Familie!

Der unaufhaltsam fortschreitende Funktions- und Strukturwandel der Familie „von heute“ erfaßt jedes Mitglied einer Familie. Je nach der Zusammensetzung einer Familie ergeben sich aber Unterschiede in der Gefährdung durch Kränkungen. Im Vordergrund stehen zumeist die Kinder. Ein oft verkannter gesundheitlicher Gefährdungsbereich im Teufelskreis von Familien- und Lebenskonflikten durch Kränkungen ergibt sich zunehmend für *die Hausfrau und Mutter vor dem „leeren Nest“:* „Ihre Pflichten als Frau, Mutter und Hausfrau erfüllte sie vorbildlich: Sie liebte ihren Mann, umsorgte die Kinder, der Haushalt war perfekt. Immer war sie nur für die Familie da. Eigene Wünsche stellte sie zurück, für ihre persönlichen Hobbys fehlte ihr die Zeit. Die Kinder verließen das Haus, der Mann geht am Morgen zur Arbeit und kommt am Abend zurück.

Jetzt fühlt sie sich allein gelassen. Sie fühlt sich müde und erschöpft, der Schlaf ist gestört, ihr früherer Schwung ist dahin!“

So oder ähnlich lautet die Lebensgeschichte vieler Frauen und Mütter, für die ihre Familie „ein und alles“ war, die völlig unvorbereitet in der Mitte des Lebens angelangt sind. Plötzlich entstehen drückende Fragen nach dem Sinn des Lebens: Bis dahin glaubte man, daß man nun wohl „aus dem Gröbsten“ heraus sei, und ist überrascht, daß das Gröbste, die Bewältigung des eigenen Lebens, jetzt erst so richtig beginnt.

Schneller als gedacht, stehen viele Frauen und Mütter vor einem „leeren Nest“, mit dem kränkenden Gefühl eines Lebens ohne Inhalt. Zwangsläufig kommt es auch zu Rückwirkungen auf die seelische Gesundheit. Je mehr dieser Lebensschnitt – wie dies auch zumeist der Fall ist – mit den Wechseljahren zusammenfällt, umsomehr. Diese Wechseljahre sind zwar keine Krankheit, auch kein Unglück in der Mitte des Lebens; je weniger sie jedoch verstanden, angenommen werden, umsomehr können die Begleiterscheinungen am Körper, in der Psyche, als wirkliches Krankheitsgefühl empfunden werden. Viele, davon betroffen sich fühlende Frauen geraten dadurch in eine kritische Situation ihres Lebens: Je weniger sie in dieser Situation einen menschlichen Halt in der Familie, Ermutigung, Anerkennung finden, je weniger sie aber auch selbst, auf die „Mitte des Lebens“ sich vorbereitet haben, umsomehr entstehen lähmende Gefühle der Kränkung.

Grüblerische Fragen drücken auf die Psyche: „Soll das mein Leben gewesen sein ...? Was habe ich überhaupt noch vom Leben zu erwarten ...?“ Fragen, die den Weg in die seelische Störung, gar Krankheit, bahnen: Von hartnäckiger Migräne, über Nervosität, Schlafstörung, psychosomatische Krankheiten bis zur Depression: Für manche Mutter und Hausfrau eine kränkende Bilanz ihres Lebens, wenn das Engagement für den Mann, für die Kinder, für den Haushalt „ein und alles“ war. *Die gesundheitlichen Warnsignale sind ein Appell der Rettung:* Wichtigste Voraussetzung ist aber die Erkenntnis: „So kann es mit mir nicht weitergehen ..., ich muß nun auch mal an mich denken ..., ich muß mich ändern ..., ich will mein Leben positiv gestalten, ihm einen Inhalt geben.“

4.3 Der Schüler

Ein junger Mensch im Kränkungsdreieck von Elternhaus - Schule - Mitschüler, einem Dreieck mit vielen Möglichkeiten für Kränkung, mit zwangsläufigen Auswirkungen auf die Lebensqualität des Schülers, auf seine Fähigkeiten für den schulischen Lernprozeß, auf das Sich-Wohlfühlen in der Schule unter gleichaltrigen Mitmenschen. Besonders schwerwiegend sind hier Kränkungen, die aus dem Elternhaus entspringen: *„Du taugst zu gar nichts ...,* aus dir wird nie was Rechtes ..., du bist ein Versager, du solltest dir ein Beispiel an anderen nehmen ..., du machst uns nur Kummer und Sorgen ...“

Kränkende Formulierungen, die als seelische Mißhandlung zuschlagen, einen optimalen Nährboden für das Wachstum von Verhaltensstörungen, seelischen Krankheiten aller Art präparierend. Das, was man eigentlich nicht erreichen wollte, tritt ein: Die Noten werden noch schlechter, das Schulversagen ist programmiert. In diesen oder ähnlichen Situationen hatten Einbußen des Selbstwertgefühls, des Selbstvertrauens, eine Angst vor dem Versagen, das konzentrative Denken verdrängt.

„Warum versagte unser Kind?“ „Was haben wir wohl falsch gemacht?“ So oder ähnlich fragen sich besorgte Eltern. Oft allerdings reichlich spät, zumindest dann, wenn im Vorstadium schulischen Versagens noch relativ gut gemeinte Warnsignale, die rettenden gelben Blinklichter aus der Tiefe der Seele, unbeachtet blieben: Exzessives Nägelkauen („mir brennen Probleme unter den Nägeln ...!“), Haare ausreißen, Kopfschmerzen, oft auch als Migräne, Bettnässen (wenn ein Kind nicht über die Augen sondern über die Blase „weint“), Nabelkolik, wenn Schulprobleme „auf den Magen schlagen“, sind nur einige Botschaften, die gekränkt sich fühlende Schüler nach außen absenden, die aber allzuoft mißverstanden, gar als Unarten gewertet werden, wodurch alles nur schlimmer wird, auch in der Schule!

Ein kränkender Teufelskreis wird wirksam:

- Von der Kränkung in der Familie zum Schulversagen,
- vom schulischen Mißerfolg zur Kränkung durch schlechte Noten,
- von der Kränkung, als Folge seelischer Not durch Noten, zur psychosomatischen Krankheit („Schulkrankheit“).

Unsere Einstellung zum schulischen Leistungsdruck erfordert *neues Denken – auch in der Schule!* „Nicht für die Schule, sondern für das Leben lernen wir“, so las man früher noch über dem Eingangstor von Schulen. Dieses bewährte pädagogische Ziel für den Sinn des Lernens ist allerdings in Gefahr, ins Gegenteil verdreht zu werden: Je mehr die unheimliche Gewalt selbst von Bruchteilen einer Note über die berufliche Zukunft, über das Leben eines jungen Menschen entscheiden kann, umsomehr. Für viele Schüler ist diese Gefahr durch krankmachenden Notendruck bereits „am eigenen Leibe“ spürbar geworden, auch mit allen Auswirkungen auf ihre schulische Leistungs- und Konzentrationsfähigkeit.

Je mehr seelischer Druck durch Noten wirksam werden kann, umsomehr können selbst hochbegabte Schüler, die zu sensibel, ängstlich sind, die unter einem Erfolgs- und Erwartungsdruck auch ihrer Eltern stehen, ihren Leistungsstand halten zu müssen, schulisch versagen. Im Vordergrund stehen dabei seelische Störungen, wenn das Streben nach immer besseren Noten durch immer mehr Zeit für die Schule auf Kosten der Gesundheit erfolgt, allerdings nicht unbegrenzt:

Gescheit – gescheiter – gescheitert –, eine gefährliche Steigerung! Sicher immer dann, wenn ein altes Grundgesetz der Orientierung für das Lernen mißachtet wird: „Ein gesunder Geist in einem gesunden Körper!" Eine Orientierung dafür bietet die *„Dreieinigkeit" von Hirn, Herz und Hand,* die Harmonisierung von Denken, Lernen, Leistung, von manueller Geschicklichkeit, körperlicher Aktivität, aber auch von Gefühl, Charakter, Menschlichkeit. Je mehr der eigentliche Sinn des Lernens durch exakte Erfüllung von Lehrplänen bestimmt wird, je mehr theoretisches Wissen über Weisheit für das Leben steht, der charakterliche Wert eines Schülers an seinen Noten gemessen wird, desto mehr führt dies alles zu einem gefährlichen Angriff auf die Psyche. Spät, oft viel zu spät, rächt sich dann auch eine harte Erkenntnis in der Gestaltung des weiteren Lebens: *Schulleistung ist nicht Lebensleistung,* denn nur der körperlich und seelisch gesund gebliebene Schüler meistert sein Leben!

Wenngleich die Schwerpunkte für Kränkungen im familiären Zusammenleben liegen, ziehen sich gesundheitliche Gefahren durch Kränkung durch das ganze Leben. Eine besondere Konzentration findet man bei Berufen, die sich mit dem Menschen befassen, die dem Blick, der Kritik der Öffentlichkeit überdurchschnittlich ausgesetzt sind.

4.4 Der Lehrer

Er steht in einem, für Kränkungen aller Art besonders aggressiven Spannungsfeld zwischenmenschlicher Beziehungen, bestehend aus dem

- Schüler, dem er Wissen vermittelt, der ihn kritisch beobachtet, den
- Eltern, die erwarten, daß der Lehrer ganz für ihr Kind da ist, daß er ihr Kind in allen Situationen versteht, die meinen, daß schlechte Noten nicht vom Kind allein kommen, und den
- Vorgesetzten des Lehrers, die es nicht gerne sehen, wenn Beschwerden über den Lehrer beim Schulamt eintreffen, die es kritisch beobachten, wenn ein Lehrer zu gute Noten gibt.

Aus allen diesen Richtungen erreichen den Lehrer Pflichten, Erwartungen, die oft nur schwer in Übereinstimmung zu bringen sind. Viele menschliche Unberechbarkeiten können hier gar manchen guten Vorsatz, den Idealismus für den Beruf, ins Wanken bringen. *Völlig unerwartete Kränkungen machen unsicher:* Im Idealfall müßte ein Lehrer nicht nur Vermittler von Wissen, sondern auch Pädagoge, Psychologe, Psychotherapeut in Personalunion sein, zunehmend wird es auch gut sein, etwas von Verwaltung zu verstehen. Wem kann er es aber nun recht machen, ohne in einer Situation von Spannungen nicht mißverstanden zu werden?

„Er hat etwas gegen unser Kind ..., andere bevorzugt er ... Wir werden uns beschweren ..." Schon ist der Weg in eine Kränkung des Lehrers gebahnt. Wie soll er sich verteidigen? Kann er es überhaupt allen recht machen? Kann er verhindern, nicht gekränkt zu werden? Wer könnte ihm dabei helfen? Der Schüler, der Unsicherheit, Schwäche des Lehrers spürt, diese als Waffe der Rache für „schlechte Noten" nützt, den Unterricht stört? Die Eltern, die mit Vorwürfen kränken („der gehört weg ..."), ohne je wegen Schulversagens ihres Kindes mit dem Lehrer gesprochen zu haben? Etwa der Schulrat mit dem Vorwurf mangelnder Durchsetzkraft, viel zu guter Noten?

Diese kleine Auswahl aus einem großen Repertoire für Möglichkeiten von Kränkungen vermittelt bereits einen Einblick in die gesundheitlichen Folgen durch Kränkung, führt zur realistischen Erkenntnis: Gar mancher Lehrer ist nicht unter der Last seines Stundendeputates, sondern durch Druck der Kränkung zusammengebrochen: Zuerst seelisch („nervöser Erschöpfungszustand", „depressive Verstimmung",

„Schlafstörungen"), dann auch körperlich („Bluthochdruck", „Angina pectoris nervosa", „Reizmagen"), also psychosomatischen Krankheiten, häufigen Ursachen von Dienstunfähigkeit, mit fließenden Übergängen in organische Krankheiten: Der davon betroffene Lehrer, der Lehrer mit überdurchschnittlicher Sensibilität für Kränkungen, mit „schwachen Nerven", fühlt, daß die beruflichen Belastungen ihn seelisch überfordern, das Ende einer Laufbahn markierend, an deren Beginn oft ganz primitive Mißverständnisse und Kontaktprobleme standen: In entscheidenden Situationen einer Konfrontation mit dem Schüler, mit den Eltern, mit dem Schulrat wurde es versäumt, mißlang es gar, durch eine Aussprache, durch ein „offenes Wort" zwischenmenschliche Spannungen auszuräumen, – der kränkende Konflikt eskalierte: Über die Krankheit erzwang er den Rückzug aus dem Beruf, der aus hoffnungsvoller Erwartung im beruflichen Engagement in kränkende Enttäuschung führte.

Aber auch ein Mensch, von dem man im allgemeinen meint, daß er „fein raus ist", weil er keinen Vorgesetzten hat, der selbst Vorgesetzter ist, kann in das Schußfeld von Kränkungen geraten:

4.5 Der Chef

„Der hat's gut: Der kann kommen und gehen, wann er will, macht ein paar Unterschriften und läßt andere für sich arbeiten ..." Er wird beneidet: Jeder möchte auch mal Chef sein, jedoch – an diesem Ziel angelangt, sieht alles aber ganz anders aus, Theorie und Praxis wurden für so manchen Chef zur großen Enttäuschung: Viel zu groß war das Opfer der persönlichen Freiheit durch Verantwortung für Menschen, für die Funktion eines Betriebes, entgegen der Meinung nun ganz frei zu sein, tun und lassen zu können, was man will, daß alle nach der Pfeife des Chefs tanzen müssen.

Gewiß – es gibt jene Menschen, die durch ihre Charakterstruktur, Durchsetz- und Überzeugungskraft, durch ihr Wissen, ihre Intelligenz, nicht die geringsten Probleme haben,

Chef zu sein: Sie liegen außerhalb des Schußfeldes für Kränkungen, sie werden geachtet, gar verehrt. Hier wirkt das Grundgesetz jeder Führungsqualität: Vorbild ist besser als Vorschrift!

Eine ganz andere Situation ergibt sich für einen Chef, wenn ihm Erfolge, Publicity, „in den Kopf steigen", der als eingebildet, gefühlskalt, arrogant gilt, der weder geliebt, noch geachtet, eher verachtet, gar gehaßt wird. *Der Weg in alle Arten von Kränkungen ist programmiert.* Er wird beobachtet, auch mit seinem persönlichen Verhalten im Dienst, um Schwachpunkte zu finden. Auch sein Privatleben ist kein „tabu" –, ein ganz besonders sensibler Bereich zur Demontage des Ansehens eines Menschen in Führungsposition durch Kränkung. Versuche, sich dagegen zu wehren, erreichen dabei oft das Gegenteil, denn: „Semper aliquid haeret", wußte man schon vor 2000 Jahren –, es bleibt immer etwas hängen, oft noch so viel, daß die gekränkte Seele auch zur Krankheit des Körpers führt: *„Ich bin gestreßt ...",* wenn ein Chef, ein Mensch in Verantwortung, in Führungsposition, sich so äußert, signalisiert er nicht nur körperliche Überforderung, sondern auch seelischen Druck durch verdrängte, ungelöste zwischenmenschliche Konflikte, durch zu großen Abstand zwischen ihm, dem Chef, und allen Menschen, die mit ihm, die für ihn arbeiten, oft mit einer späten Erkenntnis: *„Es ist der Mensch, der das Unternehmen trägt ...",* dem Leitmotiv des Chefs eines großen Betriebs mit einem allgemein gelobten Betriebsklima. Dieser Chef hatte – nicht nur zu seinem eigenen gesundheitlichen Nutzen – sich selbst eine hilfreiche Motivation für stabile Beziehungen zwischen Mensch und Arbeit, zwischen Arbeit und positiver Einstellung zur Arbeit, gegeben: Bei dieser Konstellation haben Kränkungen keine Chancen am Arbeitsplatz, auch mit einer realistischen Analyse: „Berufskrankheiten" werden nicht nur durch chemische Gifte an Arbeitsplatz, sondern auch durch verspritztes Gift vom Menschen, der einen anderen Menschen kränkt, verursacht! Darunter fällt auch der Chef, der einen Mitarbeiter tadelt, ohne ihm eine Möglichkeit der Rechtfertigung gegeben zu haben: Der dadurch gekränkte Mensch müßte damit zur Gewissensbelastung werden, zu „Gewissensbissen" führen, den Chef zur rettenden Erkenntnis motivieren, durch Mißbrauch von Macht selbst gekränkt zu werden, denn *der Vorgesetzte des Chefs ist sein Gewissen!* Die Funktionsfähigkeit dieses Gewissens bestimmt in vielen Bereichen den Grad der Gefährdung des Chefs für Kränkungen. Hier ist der gewissenlose, „eiskalte" Chef ein besonders gefährdeter Mensch, er verliert einen wichtigen Bereich der Menschlichkeit mit kränkender Ausstrahlung auf die Umgebung: „Wie der Herr so das G'scherr ...", sagt man im Volksmund und meint die prägende Wirkung positiver oder – negativer Qualitäten des Chefs! Aber auch der allerbeste, der beliebteste Chef, gerät – ganz ungewollt – in das Schußfeld von Kränkung, *wenn es um's Geld geht,* wenn der Chef so ungerecht war, es wagte, den Mitarbeiter zu befördern, der „viel weniger kann ..., auch nicht diese Ausbildung hat ..., der ja auch viel jünger ist ...", die Kollegin in eine höhere Gehaltsklasse einzustufen, die „dem Chef nur schöne Augen macht, sonst zu gar nichts taugt ...".

Die daraus sich ergebenden Kränkungen sind für die von „himmelschreiender Ungerechtigkeit" sich betroffen fühlenden Mitarbeiter oft erschreckend schwer. Sicher nicht nur aus materiellen Gründen, sondern – wohl überwiegend – wegen massiver Kränkung des Selbstwertgefühls: Nun muß der Chef selbst mit Kränkung rechnen. „Dem werd ich's auf meine Art heimzahlen ...!"

Jeder Mensch, der sich in einer Führungsposition befindet, gerät zwangsläufig auch in das Schußfeld von Kritik: „So gut wie der könnte ich das auch ..., für den müssen wir doch nur den Dreck machen ..." Mancher Kränkung durch Mißgunst, Neid, Verbreitung von Gerüchten könnte durch eine Auflockerung im Zwang der Verantwortung, alles selbst machen zu müssen („die sind doch viel zu dumm dafür ..."), die Angriffsfläche genommen werden. Eine Weisheit, die sich in der Psychologie der Kommunikation am Arbeitsplatz gut bewährt hat, könnte entspannen: „Man muß auch anderen Menschen Gelegenheit geben, Fehler zu machen!" Viele Kränkungen am Arbeitsplatz durch Mißverständnisse, durch das Gefühl ungerechter Behandlung, verdrängte Konflikte führen – oft reichlich spät – zur Erkenntnis: *Der erfolgreiche Chef ist Vorgesetzter und Psychologe!*

- Damit schafft er sich selbst den besten Schutzwall gegen Kränkungen aller Art durch Mitarbeiter, die von ihm enttäuscht sind, die ihm „eins auswischen wollen".
- Durch Ermutigung, Anerkennung, Lob – dort, wo diese durch nichts ersetzbaren Medikamente berechtigt sind –, fördert er Arbeitsfreude, Engagement, seelische Gesundheit, mehr als durch ein materielles Geschenk ohne menschliche Zuwendung.
- Die menschliche Atmosphäre am Arbeitsplatz, das Betriebsklima, werden nicht von der Temperatur, sondern von der menschlichen Wärme des Chefs gesteuert.
- Das gute Betriebsklima schafft seelische Immunität gegen Kränkung, direkt ablesbar am niedrigen Krankenstand.

Die Realität ist jedoch etwas ernüchternd: In der Hektik eines Betriebes, in welchem es auch zum guten Ton gehört, „gestreßt" zu sein, bleibt keine Zeit, um auch das Gefühl des Mitarbeiters anzusprechen. Realität ist auch, daß es viel leichter fällt, zu kritisieren als anzuerkennen –, ein Teufelskreis schließt sich. In der Mitte dieses kränkenden Teufelskreises steht dann aber der Chef, der „nur" Chef, aber nicht Mensch, nicht Psychologe, war: Der „Chef" steht hier sinnbildlich für alle Menschen, die Verantwortung für andere Menschen in irgendeiner Situation der Arbeit tragen: Vom Leiter eines Kleinstbetriebes, über den Ausbildungsleiter für junge Menschen bis zum Generaldirektor eines Weltunternehmens!

4.6 Der Arbeitnehmer

Im Gegensatz zu Störungen der Gesundheit durch Kränkungen in der Familie, in der Schule, in der Gesellschaft finden merkwürdigerweise die so häufigen, seelisch oft arg verletzenden *Kränkungen durch Konflikte am Arbeitsplatz* keine gleichrangige Aufmerksamkeit. Diese Unterbewertung des Kränkungspotentials „Arbeitsplatz" steht im krassen Widerspruch zu seiner Bedeutung als Ursache vieler psychosomatischer

Krankheiten, gar vorzeitigen Eintritts „in die Rente", in den Ruhestand. Weitaus mehr als im allgemeinen vermutet, finden hier Störungen in der zwischenmenschlichen Beziehung ihr Opfer durch ungelöste, verdrängte Konflikte mit Kollegen am Arbeitsplatz, mit dem Chef. Oft beruht alles nur auf primitiven Mißverständnissen, Vorurteilen, nicht funktionierenden Kontakten. Auch bei gutem Vorsatz kann man aber Gefahren durch Kränkung nicht immer ausweichen, wenn das Gift des Konkurrenzneides wirksam wird.

„Du darfst keine größeren Erfolge haben, als wir dir gönnen ...", mit diesem anonym geschriebenen Satz, warnten mißgünstige, neidische Kollegen einen strebsamen, erfolgreichen Kollegen, der vom Chef Anerkennung und Lob erhielt. Da Mißgunst und Neid niemals zur Befreiung vom seelischen Druck führen, Medikamente hier auch nicht helfen können, kommt es zur Eskalation, zum Haß, der wie eine Eiterbeule auf der durch Neid vergifteten Seele liegt: Zur Öffnung einer Eiterbeule am Körper braucht man ein Messer, die Öffnung der seelischen Eiterbeule erfolgt durch die „spitze Zunge" mit Ausstoßung von Beleidigungen, Intrigen, Verleumdungen, die damit aber nicht nur den Kollegen durch Kränkung, sondern auch das Klima am Arbeitsplatz vergiften. Hier bestätigt sich dann zugleich die Weisheit des Volksmundes: „Eine spitze Zunge vermag mehr Menschen zu verletzen, gar zu töten, als das Schwert es je vermochte!"

Kränkungen sind schwerer zu ertragen als körperliche Schwerarbeit. In diesen Bereich fällt ganz besonders *der Ärger, als häufige Ursache von Kränkung am Arbeitsplatz.* Ein Begleiter während der Arbeit auf Schritt und Tritt – eine gefährliche, stets gegen sich selbst gerichtete Waffe, die mit Sicherheit nicht nur zur seelischen, sondern auch körperlichen Krankheit führt, wenn es nicht gelingt, die Gefahren von Ärger so früh wie möglich zu erkennen, Ärger abzuwehren (siehe hierzu das „Anti-Ärger-Programm, Abschnitt 6.1).

In unserer gegenwärtigen Lebenssituation, des Lebens in einer Zeit diffuser Ängste, verwundert es nicht, daß auch *die Angst am Arbeitsplatz* zum ständigen Begleiter, zu einer wichtigen Ursache von Kränkung werden konnte. Die Konkurrenzangst, die Angst, mit der Arbeit nicht anerkannt zu werden, drückt die Freude an der Arbeit des davon betroffenen Menschen. Sie folgt ihm wie ein Schatten auf dem Weg zur Arbeit, hemmt dort Leistungsfähigkeit, Konzentration, innere Lebendigkeit, sie nährt Mißtrauen, Argwohn – bahnt den Weg in den Konflikt. Eine gefährliche Verschärfung erhält jede Angst durch die Angst, irgendwann den Arbeitsplatz zu verlieren. Um hier vorzubeugen, werden gesundheitliche Beschwerden mißachtet, gesundheitliche Hindernisse für die Arbeit medikamentös zugedeckt, um – trotz Krankheit – zur Arbeit gehen zu können: Eine Mißachtung der Gesundheit, die gar lebensgefährlich ist, häufige Arbeitsunfähigkeit, vorzeitige Erwerbs- und Berufsunfähigkeit provozieren kann.

Diese Angst vor der Angst begünstigt, verstärkt die oft schon bei diesen Menschen vorhandene *Aggressions- und Durchsetzhemmung,* führt in einen echten Teufelskreis: Angst verursacht nicht nur Blockaden in der Kraft, sich durchzusetzen, der Befreiung von deprimierendem Gefühlsdruck, sondern schafft neue Kränkungen für das „Ich“, für die Identität, für die auch in allen Bereichen von Arbeit so wichtige Harmonie des Denkens, Wollens, Fühlens und Handelns.

Zunehmend wächst damit die Gefahr, nicht mehr sich selbst leben zu können, sondern „gelebt“, zum Opfer aller Arten von Manipulation zu werden, gar zu kuschen – gefährliche Angriffe auf die Gesundheit durch Kränkung am Arbeitsplatz, etwa nach dem Motto: Wer ständig kuscht, der wird seelisch verpfuscht! Wer dort angelangt ist, kann auch Ärger, Wut, Enttäuschung nicht mehr abwehren – er frißt alles in sich herein und schluckt es gar noch: Er wird nun zum „armen Schlukker“, mit einer Vielfalt von gesundheitlichen Störungen, die zum Schlucken von Gegenmitteln verleiten: Von chemischen „Seelentröstern“ bis zur verführerischen Droge Nr. 1, dem Alkohol. Dadurch kommt es zur Verschärfung der ohnehin schon vorhandenen *Probleme durch die Alkoholkrankheit am Arbeitsplatz,* die für jeden davon betroffenen Menschen nicht nur die eigene gesundheitliche Situation, sondern auch die zwischenmenschlichen Beziehungen, seine Arbeitsfähigkeit erheblich verschlechtern, den Arbeitsplatz gefährden. Hier läßt man allerdings – oft mit unverständlicher und unentschuldbarer Geduld – viele Menschen ins offene Messer laufen: Man sieht, erlebt es unmittelbar, daß ein Kollege seinen seelischen Leidensdruck durch Kränkung am Arbeitsplatz im Alkohol aufzulösen versucht. Wie schwer fällt es hier den meisten Menschen, wirksam zu helfen. In diesem Bereich steht die *Nächstenliebe auf dem Prüfstand der Bewährung:* „Sage mir, wen du erträgst und wem du hilfst, dann sage ich dir, wer du bist!" In dieser oder ähnlicher Formulierung liegt eine menschliche Verpflichtung, Menschen vor der Flucht in die Sucht, vor dem Sturz in den Abgrund, zu bewahren: Der Erfolg der Rettung wird ausschließlich vom frühestmöglichen Beginn der Hilfen bestimmt. Hier bieten sich Vergleiche mit einer schweren Krankheit des Körpers, dem Krebs, an: Im fortgeschrittenen Stadium ist die Alkoholkrankheit ein „Krebs der Psyche". Auch hier entscheiden Früherkennung und Frühbehandlung über die Chancen der Heilung!

Wenn Konflikte, Streit am Arbeitsplatz, gar noch nach Hause mitgenommen werden, dorthin, wo man sich von ihnen befreien, seelisch auftanken sollte, ist auch eine *Kränkung der Familie durch Kränkung am Arbeitsplatz programmiert.* Familiäre Spannungen, Konflikte werden zusätzlich verschärft, die ihrerseits die seelische Belastbarkeit durch Aggression, Depression, Nachlassen der Konzentration drücken: Arbeitsplatz und Familie, Familie und Arbeitsplatz eskalieren zu gegenseitig sich verstärkenden Ursachen für Kränkungen aller Art.

Aber auch die Art der Arbeit kann kränken, immer dann, wenn die Arbeit nicht der Neigung, der Begabung eines Menschen entspricht, wenn Arbeit nur widerwillig verrichtet, gar zur seelischen Last wird. Viel liegt auch an einer Arbeit, die den Menschen als den eigentlichen Mittelpunkt im Arbeitsprozeß verdrängt, zu einer Art von Handlanger zur Bedienung von Drucktasten, Schaltern, Überwachung aller Arten von Kontrollichtern macht. Und doch – im Falle des Versagens ist es immer der Mensch, der hier die „Hauptschuld" zu tragen hat, ein Kränkungsherd, der in seiner Aggressivität zu oft verkannt wird. Es ist gut verständlich, wenn diese und noch viele andere Umwälzungen in der Beziehung zwischen Mensch und Arbeit zur *Humanisierung des Arbeitslebens, des Arbeitsplatzes* rufen, um die seuchenartige Ausbreitung von Kränkungen aller Art durch Arbeit zu dämmen. Je mehr die Macht der Technik den Menschen beherrscht – von der Neutralisierung menschlicher Kontakte am Arbeitsplatz, über die körperlichen, seelischen Folgen der zunehmenden „Kopflastigkeit“ im Arbeitsprozeß, bis zur Wegrationalisierung vieler Arbeitsplätze –, desto mehr kann Technik kränken, zur Zerstörung der Menschlichkeit in der Arbeit, am Arbeitsplatz, im Arbeitsprozeß, ausarten.

Allzuoft wird übersehen, zum eigenen Nachteil verkannt: Auch *negative Einstellung zur Arbeit provoziert Kränkung!* Man meint, Arbeit sei ein notwendiges Übel, das Leben müsse aus wesentlich mehr Freizeit bestehen, man lebe ja schließlich nur einmal: Daher sei es gut, sich nicht zu überanstrengen, eine „ruhige Kugel zu schieben“. Wer darin den Sinn seiner Arbeit sieht, wird gewiß nicht wegen Überarbeitung am Arbeitsplatz zusammenbrechen, tut sich selbst aber einen schlechten Dienst: Durch Langeweile, Lustlosigkeit, „Frust“ wird die Arbeit zur seelischen Last, wodurch Weichen direkt in die Kränkung gestellt werden. Den Arbeitskollegen „stinkt es“, daß sie wegen eines Kollegen, der als faul, egoistisch gilt, mehr arbeiten müssen. Am Arbeitsplatz wird er mißachtet, gemieden, jedoch nicht ohne Folgen. Gesundheitliche Störungen durch die Macht der Kränkung melden sich: durch das schlechte menschliche Klima an seinem Arbeitsplatz wird er krank, zuerst seelisch, dann auch körperlich!

Zunehmend breitet sich auch eine paradoxe Situation in der Beziehung des Menschen zur Arbeit aus: Nicht nur „Frust“ in der Arbeit, im Beruf, kann durch Kränkung krank machen, sondern auch der Ausschluß von Arbeit, obwohl hierfür der Wille vorhanden wäre, ein Arbeitsplatz aber nicht zu halten ist, der Beruf nicht ausgeübt werden kann:

4.7 Der Arbeitslose

Hinter jedem arbeitslosen Menschen steht immer ein menschliches, oft auch ein familiäres Schicksal: Nicht nur durch drükkende materielle Not, durch echte Armut, sondern durch eine „neue Armut“, einer Armut der Psyche, des Gemütes an Hoffnung, Freude, ausgelöscht durch krankmachende Angst vor der Zukunft! Oft wird hier übersehen: *Der arbeitslose Mensch will kein Mitleid,* er braucht Verständnis, Ermutigung, um sein seelisches Gleichgewicht, die Hoffnung, nicht zu verlieren. Um so kränkender sind in dieser Situation Unterstellungen, gar Vorwürfe: „Der könnte doch arbeiten, wenn er nur wollte ...“.

Typische Krankheitsbilder durch Arbeitslosigkeit sind zwar nicht bekannt, es gibt aber eindeutige Beziehungen zwischen Arbeitslosigkeit und Folgen durch Kränkung: Je länger die Dauer der Arbeitslosigkeit, um so mehr – ein Angriff auf die Seele durch Resignation und Frust: Vom Frust zum Pessimismus, vom Pessimismus zur Hoffnungslosigkeit, den Wegbereitern in die reaktive Depression – eine Saat der Kränkung bei Menschen ohne Arbeit. Immer deutlicher spüren langfristig Arbeitslose den aufgezwungenen Müßiggang als verhängnisvollen Entzug körperlicher und geistiger Aktivitäten durch Arbeitslosigkeit. Sie suchen Befreiung von seelischem Druck, von Isolation: Das schwindende Selbstwertgefühl, die Sorgen um die Zukunft werden zur drückenden seelischen Last. Sie schwächen die Widerstandskraft gegenüber allen Arten von Kränkung –, für viele davon betroffen sich fühlende Menschen ein direkter Einstieg in seelische Störungen, in die Depression.

Ein oft verkannter Nebeneffekt von Kränkung des arbeitslosen Ernährers der Familie, des Vaters, ist ihre ansteckende Wirkung auf die ganze Familie, denn *auch Kinder leiden unter der Kränkung des arbeitslosen Vaters.* Seine seelischen Störungen und Klagen („ich weiß nicht, wie das alles noch werden soll ...“) blockieren eine dynamische Gestaltung familiären Lebens, das mehr von Depression als von Freude bestimmt wird: „Uns ist das Lachen vergangen ...“: In der davon betroffenen Familie finden Kränkungen aller Art einen geradezu optimalen Nährboden für seelische Störungen und Krankheiten aller Mitglieder dieser Familie: Bei der Mutter mit ihrer Migräne, dem Vater mit „Frust“, Schlafstörungen, den Kindern mit psychosomatischen Krankheiten, mit Ängsten vor der Zukunft, mit Schulversagen. Jeder, der den davon betroffenen Menschen helfen will, muß sie zunächst verstehen lernen, er muß wissen: *Arbeitslosigkeit kränkt:* Aber nicht – wie so viele Menschen meinen – durch „weniger Geld“, sondern durch das kränkende Verhalten des Mitmenschen. Hier wirkt das „falsche“ Wort als Angriff auf die seelische Gesundheit eines Menschen, der arbeiten will, aber keine Arbeit findet, durch Kränkung krank wird. Krankheitsursache: der kränkende Mensch!

4.8 Der Verkehrsteilnehmer

Ein Begriff, der nahezu die gesamte Bevölkerung umfaßt: vom Fußgänger über den Radfahrer bis zum Führer eines Kraftfahrzeuges. Jeder hat in der Begegnung mit dem Straßenverkehr seine eigenen Erfahrungen machen können, machen müssen: Allerdings in enger Abhängigkeit auch zum eigenen Verhalten im Straßenverkehr, zur jeweiligen körperlichen und seelischen Kondition, mit allen Auswirkungen auf die *Sensibilität für Kränkungen im Straßenverkehr,* die großen Schwankungen unterworfen ist: Der ausgeruhte, entspannte Verkehrsteilnehmer hat – wie jeder aus eigener Erfahrung weiß – eine weitaus größere Toleranzbreite für kränkende Provokationen im Straßenverkehr als ein Mensch, der Hektik, Zeitdruck, Nervosität, schlechte Laune, Angst als unsichtbare Begleiter, als Beifahrer im Straßenverkehr hat: Sie können gefährliche Manipulatoren unmotivierter, ungerechter Kränkungen anderer Teilnehmer am Straßenverkehr sein, dabei sich selbst einer großen Anzahl von Kränkungen durch Fehlverhalten aussetzend, Unfallgefahren provozierend.

Die Palette für Kränkung im Straßenverkehr ist weit, auch ohne eigenes Fehlverhalten:

– Der Fußgänger wird von einem, mit hoher Geschwindigkeit

durch eine Dreckpfütze rasenden Auto von oben bis unten vollgespritzt: Kein Anhalten, keine Entschuldigung: Massive Kränkung durch Ärger, Wut über diese „Unverschämtheit", die recht lange die gute Stimmung verderben kann.

- Man will bei „grün" gerade den Zebrastreifen überqueren, kann in letzter Sekunde noch einem durchrasenden Auto ausweichen. Auch hier: Kränkung durch Ärger, Wut, verschärft durch einen Schreck, der gesundheitlich belastet.
- Man steht geduldig vor der Ampel: Lautes Hupsignal vom hektischen „Hintermann", als die Ampel gerade von gelb auf grün geschaltet hat, dadurch das Fehlverhalten des „Vordermannes" kritisierend: Kränkung durch penetrante Manipulation, zudem eine Unhöflichkeit!

Diese – recht harmlos erscheinenden – Beispiele für Kränkungen im Straßenverkehr durch egoistisches Verhalten, erhalten eine Ergänzung durch Fehlverhalten außerhalb der Straße, in einem Bereich relativer Ruhe, durch die *Kränkung auf dem Parkplatz:* Endlich – nach langem Suchen entdeckt man eine Parklücke, in die man rückwärts einfahren will, von wegen: Der nachfolgende Autofahrer war schneller, ein egoistisches Verhalten, das stets kränkt, von menschlicher Enttäuschung bis zu höchster Aggression: Von verbaler Beschimpfung, Beleidigung, bis zur nicht mehr kontrollierbaren Körperverletzung: „Kampf um Parkplatz, Autofahrer erschossen ..." (Titelschlagzeile „Badische Zeitung", 22. Februar 1990).

In allen Situationen des Straßenverkehrs entspringen extrem unberechenbare Kränkungen aus dem Fehlverhalten des Menschen: *Im Straßenverkehr verliert der Egoist seine Maske* – er wird für seine Mitmenschen, die Verkehrsteilnehmer, noch unerträglicher, als er es sonst schon war: Hier demaskiert er sich selbst vom letzten Rest der Menschlichkeit, der Rücksichtnahme, durch Mißbrauch des Autos zur Befriedigung egoistischer Triebe, auch mit dem Risiko der Gefährdung menschlichen Lebens: Vom Kolonnenspringen über das Überholen in unübersichtlicher Kurve mit obligatem Ausbremsen des „Hintermannes" bis zur Verfolgungsjagd auf der Überholspur der Autobahn, mit aggressiver Mischung von Hupen, Aufblenden, „hautnahem" Auffahren, damit Angst einjagend. Diese und ähnliche Angriffe auf einen Mitmenschen im Straßenverkehr entarten *durch Kränkungen zum „Nervenkrieg" im Straßenverkehr,* wie jeder Krieg, auch ein Krieg mit Verwundeten und Toten auf dem Kriegsschauplatz „Straße". Die Analyse der eigentlichen Ursachen für diese Entartungen im Straßenverkehr, des Vorfeldes von Unfallkatastrophen, stößt sehr häufig auf das *Versagen im Straßenverkehr durch die Macht der Kränkung,* die auffallenderweise auch bei sonst ganz friedfertigen Menschen alle guten Vorsätze für menschliches Verhalten im Straßenverkehr unterdrückt, den Geduldsfaden zum Reißen bringt.

Eine alltägliche Erfahrung bestätigt sich auch hier: *Wer die Geduld verliert, verliert auch die „Nerven"!* Die bis dahin so gut funktionierende Bremse des guten Vorsatzes blockiert: Das kränkungsbedingte Versagen dieser Bremse kann gefährlicher werden als das Versagen der Bremse im Auto: Der Gefühlsstau durch Ärger, geballte Wut „im Bauch", überfahren die Stoppsignale des Gewissens, des Wissens um Gefahr für das eigene Leben, für Leib und Leben eines Mitmenschen, der kränkte: *„Das lasse ich mir nicht gefallen ..., dem werde ich es zeigen ..."* – Programmierung für höchst riskantes Fehlverhalten durch Rachegelüste aus dem Unterbewußtsein, die nun das Steuer im Auto übernehmen: Oft mit später Reue, wenn, ja wenn dazu noch eine Möglichkeit bestehen sollte.

Diese extremen Formen von Fehlverhalten im Straßenverkehr – durch Egoismus, durch kränkungsbedingten Kontrollverlust des Willens – haben ein breites Vorfeld durch *Kränkungen im „Vorbeifahren:* Da fühlt man sich durch provokatives Verhalten eines Verkehrsteilnehmers irgendwie beleidigt, gekränkt durch Abschneiden der Vorfahrt, riskantes Überholmanöver beim Entgegenkommen, verliert die Selbstkontrolle und rächt sich durch Drohgebärden, man zeigt den „Vogel", droht mit der Faust, kränkt mit dem ausgestreckten Zeigefinger. Diese Art von Kränkung kann zum kränkenden Bumerang werden, wenn Anzeige wegen Beleidigung erfolgt. Aber nicht nur hier, sondern in jeder Verführung durch Kränkung im Straßenverkehr, gilt es, weder die Kontrolle über seinen Verstand noch über sein Auto zu verlieren, sich am

Grundgesetz für die Teilnahme am Straßenverkehr zu orientieren.

Menschlichkeit ist Sicherheit – schützt Leben, auch das eigene.

4.9 Der Polizist

„Die Polizei, dein Freund und Helfer!" – in jeder Hinsicht ein psychologisch geschicktes, ein positives Angebot der Hilfe, zum Verständnis von Menschen in einer Notlage. Kein Beruf hat für die Erfüllung seiner Aufgaben eine vergleichbare Devise, zu der auch die Polizei nicht verpflichtet wäre: Sie schafft damit aber eine gute Basis der Kommunikation, nimmt gar manchem Menschen die Angst vor dem Polizisten als dem Repräsentanten staatlicher Ordnung.

Und doch – die Vielfalt der Aufgaben provoziert Situationen, in welchen der gute Vorsatz eines Freundes und Helfers für den Mitmenschen, der für andere Menschen den „Kopf hinhalten", gar sein Leben riskieren muß, härtesten Belastungen ausgesetzt ist. *Kränkungen des Polizisten beginnen bereits beim Vorurteil.* Allein schon die Uniform ist für manche Menschen ein „rotes Tuch", das zu kränkenden Äußerungen provoziert. Jeder Mensch, der einen Polizisten mit der staatlichen Macht, mit der Sicherung von Gesetz und Ordnung identifiziert, selbst dazu aber eine negative innere Einstellung, gar Haßgefühle hat, bezieht hier auch den Polizisten mit ein.

Daraus entspringen dann die weithin bekannten verbalen Kränkungen in aller Öffentlichkeit: *„Bullen raus ...!"* ja – und wenn sie wirklich rausgingen? Trotz passiver pauschaler Kränkung durch Beleidigung muß der Polizist – oft unter schwerster physischer und psychischer Belastung – für Ruhe und Ordnung sorgen: Er muß ein Meister der Selbstbeherrschung sein, um eigene Aggressionen durch Kränkung nicht nach außen abzuladen. Würde er es doch wagen, wäre das ein „gefundenes Fressen", um am Polizisten seine Haßgefühle und Rachegelüste abladen zu können. Und wer versteht ihn, wenn er nach extremer Kränkung durch bewußte Provokation mal

„die Nerven verliert“? In vielen Bereichen seiner Aufgaben wird der Polizist zum *Opferlamm für Kränkung, die dem Staat gilt:* Immer dann, wenn Menschen mit Staatsverdrossenheit, bei Versammlungen, Demonstrationen, ihren Gefühlsstau, ihre Aggressionen, ihren Haß gegen den „Staat“, staatliche Institutionen, gegen Politiker, loswerden wollen. Hier ist der Staat, repräsentiert durch den Polizisten, direkt „greifbar“, er ist ihr Ansprechpartner, der – stellvertretend für den Staat – ganz nach Belieben gekränkt werden kann, der auf vorgeschobenem Posten gar sein Leben riskiert – eine bedrückende Realität durch die große Anzahl von Polizisten, die ihr Leben gar opferten.

Bei jedem dienstlichen Einsatz steht der Polizist vor einer schweren, oft extrem aggressiven Provokation, die ein hohes Maß an psychologischem Geschick, von Selbstbeherrschung, erfordert. Entgegen allen verständlichen Versuchungen in der Bewältigung von Konflikten darf der, mit Beleidigungen überschüttete Polizist nicht mit der gleichen Waffe zurückschlagen – er muß dies alles entweder „schlucken“, „in sich hineinfressen“ oder – falls möglich – an sich abprallen lassen.

Diese Situation ist seelisch sehr belastend, denn: *Der gekränkte Polizist darf nicht kränken* – eine Situation, die nicht ohne Rückwirkung auf die seelische Gesundheit bleibt. Aber – wenn es ihm nicht gelingt, sich von einer Kränkung durch Ärger, bewußte Provokation, tätlichen Angriff auf seinen Körper zu befreien? In einer derartigen Situation steht der Polizist unter höchstgradiger Belastung durch seelischen Streß mit potentiellen Gefahren für sein Leben, für das Leben anderer Menschen: Innerhalb von Sekunden muß er in einer hochbrisanten Konfrontation handeln: Es bleibt für ihn zumeist keine Zeit für rechtliches Abwägen, für das, was er tut, oder für das, was er unterläßt, für ein Handeln, das „darnach“ vielleicht ganz anders gesehen wird: „Er hätte niemals gleich schießen dürfen ..., hätte er geschossen, wäre die Geisel am Leben geblieben ...!“ Die Verantwortung für menschliches Leben, die Entscheidung über Leben und Tod, erdrückt, lähmt!

Oder – die Verantwortung bei einer „Demo“, die in Gewalt auszuarten droht? Wenn dem Polizisten nicht nur massive Beleidigungen, sondern auch Pflastersteine an den Kopf geworfen werden? Schlagen oder Sprechen? Kränkungen herunterschlucken? Sich nicht provozieren lassen, ruhig Blut bewahren? Psychologisches Gespür und Selbstbeherrschung stehen hier unter maximaler Beanspruchung. Zwar erfassen diese und ähnliche Belastungen nicht alle Polizisten in ihrem beruflichen Einsatz, potentiell liegen sie aber für jeden Polizisten als unberechenbares Risiko überall und jederzeit in Lauerstellung!

„Undank ist der Welten Lohn", so denkt, meint, gewiß jeder Polizist, der sich vor seinem Vorgesetzten, vor Anschuldigungen in den Medien, gar vor den Schranken des Gerichtes für ein Handeln rechtfertigen muß, das außerhalb einer Situation höchstgradiger Gefahr für Leib und Leben so schwer nachvollziehbar ist. Zwangsläufig gerät jeder davon betroffene Polizist in den Sog schwerer Kränkung, die ihn seelisch, aber auch körperlich krank macht. Wohl aus gutem Grund endet die Laufbahn von Polizisten einige Jahre früher als bei Beamten im allgemeinen, manchmal gar noch viel früher.

4.10 Der Journalist

Die Art seiner Tätigkeit exponiert ihn in einem mehrdimensionalen Spannungsfeld für Kränkungen aller Art: Einerseits muß er einen Sachverhalt objektiv darstellen, andererseits soll all das, was er vermittelt, inhaltlich verständlich, informativ, für den Leser interessant, nicht zu lang, nicht zu kurz sein. Mit allem, was er dabei an persönlichem Engagement hineinlegt, darf er nicht verletzen. Schon hier beginnen für den Journalisten Gefahren durch Kränkung in der Abwägung zwischen persönlicher Auffassung und Einhaltung der Grenzen objektiver Darstellung.

Im Verlaufe seiner Tätigkeit kommt jeder Journalist zur realistischen Erkenntnis: Man kann es eigentlich niemandem recht machen, weder dem Verlag, dem Chefredakteur noch dem Leser. Man könnte meinen, ein Journalist, der sich nicht unnötig in kränkende Situation durch Kritik begeben will, der sich mit seiner persönlichen Meinung überhaupt nicht engagiert, mit seinem Engagement „hinter dem Berge hält", habe keine Probleme, jedoch: Seine Darstellungen wirken schal, langweilig, uninteressant, werden kaum noch gelesen: Das Ende einer journalistischen Laufbahn ist absehbar. Allerdings: *Je größer der journalistische Mut, desto mehr Kränkung.* Je mehr persönliche Meinungen in der Gestaltung eines Textes einfließen, desto mehr stellt sich der Journalist auch dem Urteil seiner Leser, einem sensiblen Kritiker, der Grenzen zu erkennen gibt, oft recht spürbar, denn *Leserbriefe können kränken:* Mit feiner Spürnase entdeckt der Leser Schwachstellen, hält mit seiner Meinung nicht zurück. Er kann den Journalisten durch Nachweis einer falschen Berichterstattung arg in die Klemme bringen, zwingt durch seinen Brief „an die Redaktion" zur Selbsterkenntnis, zum Nachdenken. Da gibt es aber auch den kränkenden Leserbrief, der unsachlich im Inhalt, verletzend in den Formulierungen ist, den besonders schwer kränkenden Anruf mit verbaler Beleidigung, gar mit anonymer Drohung für Gesundheit und Leben, ohne Chance, sich dagegen wehren zu können: Dies macht unruhig, kann gar den Schlaf rauben.

Im Kränkungsbereich hat jeder Journalist seine eigenen Erfahrungen und Probleme: durch die Art seiner journalistischen „Handschrift", durch die Fähigkeit in der Nutzung des Spielraumes kritischer, aber doch sachlicher Darstellung, ganz besonders im Gespür für den Beginn einer Kränkung. Die Möglichkeiten einer Kränkung werden weitgehend von der Art der journalistischen Tätigkeit geprägt. Daraus ergeben sich *große Unterschiede in der Gefahr für Kränkungen:*

- *Der Lokalredakteur:* Er muß die Details im „Lokalkolorit" schon recht gut kennen, wenn ihm kein kränkendes Mißgeschick unterlaufen soll: In einem Bereich, wo jeder jeden kennt, wird durch das Vergrößerungsglas der Sensibilität für Kränkung alles genau „unter die Lupe" genommen: Angefangen vom falsch geschriebenen Namen, der verwechselten Bildunterschrift, eines dadurch gekränkt sich fühlenden Lesers, über eine zu knappe Wiedergabe markanter Aussprüche bei

Reden bis zum übelgenommenen Kommentar, einer Glossierung, bei kommunalpolitischen Problemen.

Die Kränkung des Lokalredakteurs erfolgt dann nicht nur über „entrüstete" Leserbriefe, mit allen Spielarten einer Kränkung – man rückt ihm gar „auf die Pelle" in der so nahe gelegenen Redaktion, man sagt ihm auch am Telefon „alle Schand": „Damit Sie es genau wissen, Ihre Zeitung bestelle ich sofort ab ...". Gar manchmal braucht gerade ein Lokalredakteur doch ein etwas dickeres Fell als er zu Beginn seiner Tätigkeit zu haben glaubte. Durch Kränkung gefährdet ist auch

- *der Journalist für Politik:* Mit seiner Arbeit müßte er in Übereinstimmung mit allen politischen Parteien und Meinungen leben, wenn er kränkungsfrei arbeiten wollte. Aber allein damit würde er Kränkungen provozieren – durch den Leser, der seine politische Meinung hat und sich dies nicht gefallen ließe. Wie jeder Bürger hat natürlich auch der politische Journalist seine politische Meinung. Es ist jedoch ein großer Unterschied aus der Sicht des Lesers, ob er diese Meinung in einem Parteiblatt zu erkennen gibt oder in einem Blatt, das sich als „unabhängig" zu bezeichnen pflegt, das auch hier Flexibilität durch einen „Gastkommentar" zu erkennen gibt, sich dabei aber gleich absichernd: „Die darin vertretene Auffassung muß nicht unbedingt mit der Auffassung der Redaktion übereinstimmen ..."

Das öffentliche Engagement des politischen Journalisten exponiert ihn in brisanten Bereichen der Öffentlichkeit, macht ihn zu einem Kontrollorgan in der Funktion der Politik: Mit wachen Augen, mit hellen Ohren beobachtet er den Politiker, auch mit seinem persönlichen Verhalten zum Menschen, mit seiner Glaubwürdigkeit in der Erfüllung von Wahlversprechen. Gar manchem Politiker verhilft er zur kritischen Selbsterkenntnis, die durch Streben nach mehr „Einfluß", mehr Macht recht schwach wurde. Damit ist der Journalist für das politische Ressort ein unersetzbarer Faktor politischer Kultur, gar oft auch das mahnende Gewissen eines Politikers, der sein scheinbar gutes Gewissen nur einem schlechten Gedächtnis verdankt. Allerdings, der sich wehrende, gekränkt sich fühlende Politiker schweigt nicht, er schlägt zurück – der davon betroffene Journalist wird zur Zielscheibe von verbaler Kränkung: „Der, der versteht das doch alles gar nicht ..., was der da schreibt, das stimmt doch vorne und hinten nicht ...", so oder ähnlich kränkt der angegriffen sich fühlende Politiker im Interview dann den Journalisten.

Die besondere Begabung des politischen Journalisten entspringt aus der Fähigkeit, alle politischen Richtungen kritisch beobachten, sie gegeneinander abwägen, werten zu können, ohne dabei politisch zu manipulieren. Der Leser ist hier recht sensibel und reagiert: „Da merkt man doch genau, wen der politisch unterstützt ..., die Zeitung bestelle ich gleich ab ..." – ein Leserbrief, der kränken kann. Auch hier gilt: Kein Journalist kann es allen recht machen, er muß durch seine Arbeit mit Kränkungen rechnen, mit ihnen leben, aus ihnen lernen, sie seelisch verkraften! In nicht viel geringerer Exposition für Kränkungen befindet sich auch

- *der Journalist für Kunst, Kultur, Literatur:* Auch in diesen Bereichen gibt es Spannungsfelder für Kränkung durch subjektive Probleme in der Interpretation, der objektiven Wertung von all dem, worüber er berichten soll, will: Er hat nicht nur seine Probleme mit dem Künstler, dem Schriftsteller, die sich oft schon durch zu geringe Würdigung gekränkt fühlen, sondern auch mit dem „Kenner der Materie", dem Experten, mit allen Menschen, die sich für kunstsachverständig halten.

Jeder Leser, der versucht, in die Aufgabe des Journalisten in diesem Bereich sich hineinzuversetzen, wird ihn um seine Aufgabe nicht beneiden. Für ihn ergibt sich nämlich eine ganz besondere Situation für Kränkung: *Der Kritiker wird selbst kritisiert:* Gewiß, er könnte es sich leicht machen. Er bräuchte alles nur „über den grünen Klee loben", Kritik vielleicht nur ganz leicht anklingen lassen. Aber, auch dieser Weg würde ihn nicht vor Kränkung verschonen. Da ist nämlich noch der Besucher der Veranstaltung, über die berichtet wurde, einer Vernissage, eines Konzertes, einer Autorenlesung: „Wie konnte der bloß so was schreiben ..., das ist wohl doch das Letzte ..., der versteht das ja überhaupt nicht ..." Ein Leserbrief mit diesen oder ähnlichen Formulierungen, eine verletzende Kritik in aller Öffentlichkeit, kann durch Kränkung gar krank machen.

4.11 Der Politiker

Seine Öffnung zur Öffentlichkeit, die Schwierigkeit, mit seinem politischen Profil, mit seinem Programm nicht nur von seinen Anhängern verstanden, toleriert zu werden, zieht Möglichkeiten für Kränkungen aller Art direkt magnetisch an: Mag er sich noch so viele Mühe geben, es allen – selbst seiner eigenen Partei – recht zu machen, Enttäuschungen, Vorwürfe, Beschimpfungen, Verleumdungen gehören schon zum täglichen Brot eines Politikers:

- Versucht er, Konflikte, auch mit dem politischen Gegner, auszuräumen, keine Angriffsflächen für Kränkungen zu bieten, gilt er als Opportunist, der zu allem „ja und amen" sagt,
- bemüht er sich, seinen politischen Kurs realistisch zu steuern, „klüger" zu werden, gilt er als „Wendehals",
- will er seine politische Auffassung „auf Biegen und Brechen" durchsetzen, gilt er als Fanatiker, der nichts dazulernen will, den man bald loswerden möchte.

Wer gerne Politiker werden will, aber eine zu „dünne Haut" hat, zu unkontrollierbaren Emotionen neigt, von Geltungs- und Profilsucht besessen ist, sollte im Interesse seiner Gesundheit prüfen, ob er Kränkungen verkraften kann. Keine Probleme haben hier *Vollblut-Politiker: Sie sind immun gegen Kränkung*. Sie geben raus, stecken aber genau so ein. Sie haben das so begehrte „dicke Fell", das ihnen auch rhetorisch-psychologisch Gelassenheit gibt: „Ich habe ja durchaus Verständnis für Ihre Argumente, aber ...", das klingt menschlich, staatsmännisch. Ihr Element ist die Politik, die Arbeit im Blickpunkt der Öffentlichkeit, für die Öffentlichkeit. Sie sind davon überzeugt, daß sie unersetzbar sind und handeln auch darnach. Im Vorfeld des Politikers gibt es allerdings eine *natürliche Auslese im Ertragen von Kränkungen*. In die höheren Etagen politischen Lebens gelangt schließlich nur der Politiker mit einem starken *Ich*, mit Durchsetzungskraft, Kränkungsimmunität, aber auch nicht unbegrenzt: Je höher die Karriere führt, um so mehr gerät selbst der bislang so erfolgreiche Politiker in das Schußfeld von Kränkungen durch Kritik in den Medien, aus der Öffentlichkeit, für fast jeden Politiker mit einer realistischen, gar oft enttäuschenden Erkenntnis: *Politisches Engagement provoziert Kränkungen!*

Auch bei allen guten Absichten kann es der Politiker nicht jedem recht machen. Er weiß, daß er sich mit seiner politischen Meinung bewußt der Öffentlichkeit stellt, von ihr auch kritisiert wird. Immer wieder erkennt er aber auch, daß er – trotz bester Vorsätze – es nicht allen recht machen kann: Dem einen ist er zu kompromißbereit, gar ein „Umfaller“, dem anderen zu machtbesessen, vom Parteienegoismus geprägt. Die Enttäuschung bleibt nicht aus: Im Leserbrief zeigt der Wähler mit dem Finger auf ihn, in ätzenden Kommentaren wird er im Charakter, mit seinem Versagen analysiert. Dies alles kann er selbst lesen, er bekommt es zu spüren. *Die „schlechte Presse“ kränkt* – je mehr er in die Schlagzeilen gerät, um so mehr! Hier befindet sich der Politiker im Lokalkolorit in besonders exponierter Situation durch Kränkung: Er gerät allzuleicht durch Interessenkollision in einen Konflikt mit dem Bürger, der ihn wählen soll, der ihn aber auch an der Erfüllung seiner lokalen Interessen mißt, der ihn mit Argusaugen beobachtet. Auch hier kann der Leserbrief, mit einer Bloßstellung in aller Öffentlichkeit, schwere Kränkung provozieren. Und nun? Rache mit einem ebenfalls kränkenden Leserbrief? Oder – „Rache“ durch eine Art psychologischer Selbstbefreiung? „Seine Strafe soll sein, daß ich darauf gar nicht reagiere ...!“ Mit dieser oder ähnlicher autosuggestiven Formulierung könnte man nicht nur sich selbst, sondern auch den Konflikt entspannen. Wenn aber Rachegelüste, Haß, über Verstand und Menschlichkeit siegen, kommt es zur Eskalation, kann es gefährlich werden: *Der Politiker wird durch Kränkung „fertiggemacht“* – gar oft bleibt dann nur noch der Rückzug aus dem politischen Leben, um auch den seelischen Frieden wiederzufinden!

Jeder Politiker, der sich mit seinem politischen Erfolg identifiziert, schafft sich einen sensiblen Kränkungsbereich. Nicht selten spürt er diesen auch mit einer *Kränkung durch die verlorene Wahl,* direkt ablesbar an der schlafferen Körperhaltung, dem freudlosen Ausdruck des Gesichtes, an Formulierungen, die mühsam versuchen, sich selbst zu trösten, verbunden mit einem Dank an die Wähler: In der Wahlnacht wurde spürbar, daß der Entzug politischen Ansehens kränkte, Entzugserscheinungen der Psyche provozierte: Je mehr ein Politiker zuvor sein Ansehen, sein Selbstwertgefühl, mit der Macht durch Politik identifizierte, um so schmerzhafter ist *die Macht der Kränkung:* Nun wird für ihn erkennbar, wie wenige Freunde er in Wirklichkeit hatte, daß alles, was ihm an Anerkennung, an Einladungen, an Geschenken zuteil wurde, gar nicht ihm persönlich, sondern nur seiner Stellung galt. Daraus entspringt eine zusätzliche Kränkung: die Enttäuschung durch den Menschen!

Ein häufiger Weg der Entmachtung eines Politikers ist *die Kränkung durch Verleumdung:* von der Fehldeutung angeblicher Äußerungen bis zu Details ausspionierten Privatlebens, mit denen er in die Schlagzeilen von Massenmedien gerät. Jeder Versuch, sich dagegen zu wehren, kann den Weg in eine Verleumdungskampagne eröffnen: „Früher wurden unliebsame Persönlichkeiten vergiftet, heute werden sie verleumdet ..." – die bittere Klage eines Politikers, der die Macht der Kränkung durch eine „giftige Zunge" am eigenen Leibe verspüren mußte.

Es gibt allerdings auch Politiker, die sich ganz zu Unrecht gekränkt fühlen: Im Rausch der Macht, durch Mißbrauch politischer Macht besteht für einen Politiker ohne stabiles Fundament der Menschlichkeit, ohne eigene Identität, jederzeit die Gefahr, in den verführerischen Sog politischer Macht zu geraten, stets dann, *wenn die Sucht nach Macht den Verstand besiegt.* „Nach seiner Absetzung alterte er um Jahre ..." – die nicht nur in der Zeitung lesbaren Folgen, sondern direkt im Gesicht ablesbaren Spuren eines nach Entmachtung zutiefst gekränkt sich fühlenden Politikers. Nach der Rückkehr aus der Verirrung durch politische Höhenflüge, mit totalem Verlust des Bodenkontaktes wurde er wieder Mensch, ein Mensch, der nun aber zum ersten Mal die Macht der Polizei in seinem Körper, des Gewissens, zu spüren bekommt: *„Mal sehen, wo wir landen werden ...“,* mit dieser Ankündigung der „Landung“ signalisiert ein gescheiterter Politiker in einem Interview (*Der Spiegel* 18/1990, 69) seine Landung im Freitod. Im Vorstadium hatte er wichtige Orientierungen verloren, denn: Jeder Politiker, im weiteren Sinne aber jeder Mensch in „maßgeblicher“ Führungsposition, lebt in der Gefahr, die für ihn verfügbaren Mittel der Macht mißzuverstehen, gar zu mißbrauchen, er gerät *durch Arroganz der Macht ins Schußfeld der Macht der Kränkung.* Damit können schlagartig alle bislang erbrachten Erfolge, alle Verdienste durch sein Engagement für „das Gemeinwohl“, alle Sympathien tief absacken, mit Lähmung der bisherigen Dynamik, fehlenden Impulsen für die Verwirklichung geplanter Aktivitäten, Verstrickung in Fehler beim Versuch einer Rechtfertigung, bis zur Depression durch den kränkenden Entzug von Macht: Aus einem bislang hoch angesehenen Menschen wurde „über Nacht“ ein Mensch, der nicht mehr beachtet, sondern mißachtet wird – er wurde zum Opfer der Macht der Kränkung durch Mißbrauch der Macht!

4.12 Der Spitzensportler

Vom Menschen, der Sport betreibt, Sport liebt, um sich zu entspannen, die körperliche und seelische Gesundheit zu fördern, dem Sport Freude bereitet, unterscheidet sich der Spitzensportler in einem wichtigen Punkt: Er konzentriert sich auf eine spezielle Sportart, die ihn durch Training und Begabung zum Spitzensportler macht, mit dem Sieg im Wettkampf, dem Rekord als Krönung. Er ist bereit, dafür viele Opfer zu bringen: Der Sport dient hier nicht der Gesundheitsvorsorge, der Rehabilitation nach Krankheit, sondern dem Ziel einer sportlichen Höchstleistung durch körperliche Maximalbeanspruchung: Gar oft ein dornenvoller Weg, aber auch mit dem verlockenden Geschenk eines Hochgefühls von Glück und Freude durch den Sieg: Daraus erwachsen seelische und körperliche Kräfte, die zur weiteren Steigerung des Erfolges, zu neuen Rekorden führen: „Er, sie ist über sich selbst hinausgewachsen ...!", pflegt man dann vom Spitzensportler, der Spitzensportlerin zu sagen. Aber – auch hier wachsen die Bäume nicht in den Himmel: Durch die wohltuende Wirkung des Sieges, die Verwöhnung, Verehrung, gar Vergötterung durch seine Fans werden Grenzen der Belastbarkeit, der Leistungsfähigkeit nicht rechtzeitig erkannt, es entwickelt sich ein gefährlicher Reflex der Selbstverständlichkeit des Rekordes.

Von der Verwöhnung zur Gewöhnung – ein verkanntes Kränkungspotential, nicht nur pädagogisch, sondern auch im Bereich sportlicher Höchstleistung, wenn der Entzug der Verwöhnung durch eine Niederlage zur Kränkung führt: Glück, Freude sinken auf einen Tiefstand, schlagen „auf das Gemüt": Der Spitzensportler fühlt sich „geschlagen", nicht nur durch den Verlust des Sieges, sondern – oft noch viel schmerzhafter – auch seelisch, in seiner Stimmung, die auf den Nullpunkt sinkt, die dem Selbstwertgefühl den Boden entzieht: *Der sportliche Mißerfolg bahnt den Weg in die Kränkung.* Der Spitzensportler spürt nun auch Kränkung durch seine Fans, die von ihm enttäuscht sind, die ihn gar nicht mehr so mögen: „Die Flasche ..., der sollte sich mehr Mühe geben ..." Kränkungen kommen aber auch aus den Medien, die ihn zuvor „in den Himmel" lobten, ihn jetzt aber ganz anders sehen: „Spitzensportler in Formkrise ..., wird er es noch einmal schaffen ...?" Massive Angriffe durch Kränkung auf Psyche und Gemüt, nicht ohne Folgen: Von der Selbstwertkrise durch sportlichen Mißerfolg über den Ärger durch seine Fans, die ihn jetzt „links liegen" lassen, verachten, bis zur Wut über die Medien, die ihn mit kränkenden Formulierungen in die Schlagzeilen zerrten, sein Ansehen zerrissen: Er fühlt sich von Kränkung gedrückt, bedrückt, erst seelisch, dann auch körperlich „wie gelähmt": *Kränkung hat den Sieger besiegt* – allzuoft eine traurige Bilanz, gar das deprimierende Ende der Laufbahn eines Spitzensportlers, für den der Sieg, der Rekord ein und alles waren, der sein Selbstwertgefühl von dort, aus dem Jubel der Zuschauer, der Bewunderung auf dem Sportplatz, dem Lob in den Medien, schöpfte.

Er wußte nicht: *Nichts ist vergänglicher als der Erfolg* – der Sport macht hier keine Ausnahme! Nun ist die umjubelte Spitzensportlerin plötzlich nicht mehr „der Stolz der Nation“, der Spitzensportler, dessen Autogramme einen hohen Kurswert hatten, ist kein „Goldjunge“ mehr, Autogramme braucht er auch nicht mehr zu geben – eine kränkende Demontage des Ansehens, das kein Fundament im Selbstwertgefühl des *Ich,* der Identität, dem Glauben an sich selbst, hatte: Für jeden Sportler, der auf das Leben „darnach“, auf das Leben nach dem Erfolg, nicht vorbereitet ist, eine Wegbereitung in die psychische Krise, in die Depression, oft mit später Erkenntnis: Mißbrauch von Sport durch Überforderung, krankhaften Ehrgeiz macht nicht nur körperlich, sondern – durch Kränkung – auch seelisch krank! Fast klingt es paradox: Es gibt auch *Kränkung auf dem Höhepunkt sportlichen Erfolges,* wenn der Spitzensportler mit seinem persönlichen Leben, mit dem Ausspionieren seines privaten, familiären Lebens in das Schußfeld sensationeller Berichterstattung der Medien, der Sensationsgier der Öffentlichkeit gerät, der intimste Bereich kein „Tabu“ mehr ist: Je mehr dann noch die „Gerüchteküche“, garniert mit Verleumdung, zum Brodeln gebracht wird, desto schlimmer die Kränkung. Hier teilt der Spitzensportler das Schicksal aller Menschen, die im Blickpunkt der Öffentlichkeit stehen, einer Öffentlichkeit, die sich auch „um das Drumherum“ interessiert. Für den Spitzensportler sind dadurch verursachte Auswirkungen besonders spürbar: Kränkung führt hier nicht nur zur seelischen Verstimmung durch Ärger und Wut, sondern auch zum lähmenden, gar blockierenden Druck auf die körperliche Leistungsfähigkeit. Seele und Körper, Körper und Seele sind auch in allen Bereichen sportlicher Höchstleistung eine untrennbare Einheit: *Versagt die Psyche, versagt auch der Körper!* Irgendwie spürt diese Zusammenhänge jeder Sportler: „Mich hat ein Gegner kaputtgemacht, der gar nicht auf dem Platz stand ...“, sagte nach bitterer Kränkung eine Weltranglistenerste, die „ihr Schweigen brach ...“, weil ihr Familienleben in die Presse gezerrt wurde: „Ich habe diesen Presseleuten doch nichts getan ...“. Hier fühlt jeder Mensch mit dieser jungen Sportlerin, die durch ihre Berühmtheit in das Schußfeld persönlicher Kränkung geriet!

„Nichts ist erfolgreicher als der Erfolg!“ – jeder vom Erfolg

verwöhnte Sportler weiß, daß sportlicher Erfolg eine seelische Droge für den Rekord ist, er weiß aber auch, daß der Erfolg rasch in sich zusammenfallen kann wie ein Luftballon, der in eine Schar von Kindern mit lauter spitzen Nadeln geraten ist. Wer hier Kränkungen vorbeugen will, muß rechtzeitig auch *den Mißerfolg trainieren:* „Es gibt Zeiten, in denen man Angst davor hat und denkt, Mensch, gibt es überhaupt etwas, was ich danach machen kann ..." – so fragte sich eine Spitzensportlerin, die auf dem Höhepunkt ihrer Folge den Mißerfolg nicht vergaß, ein kluger Weg der Selbsthilfe, der Abwehr von Kränkung!

4.13 Der Nachbar

„Es kann der Frömmste nicht im Frieden leben, wenn es dem bösen Nachbarn nicht gefällt ..." – eine alte Weisheit, ein uraltes Problem zwischenmenschlicher Beziehungen, das Zusammenleben von Menschen in enger räumlicher Beziehung mit wenigen Worten erfassend: Vom „möblierten Herrn" in der kleinen Etagenwohnung, über die „Familie mit Kindern" in der oberen Etage, den Nachbarn mit dem angrenzenden Grundstück bis zur Familie „vis-à-vis", mit direktem Blickkontakt auf den Balkon. Hier bestehen zwar Unterschiede in der räumlichen Nähe durch Spezialprobleme, überall ergibt sich aber durch die Möglichkeit einer häufigeren Begegnung als mit Menschen in der bewohnten Straße, der Gemeinde selbst, ein *Kränkungspotential durch die menschliche Nähe,* mit einer breiten Skala von Gefahren durch Kränkung:

- „*Den/die kann ich nicht leiden,* schau mal, wie die daherkommen, die meinen wohl gar, sie seien wohl was Besseres ..." So oder ähnlich fängt manche Spannung an, bevor der neue Nachbar so richtig eingezogen ist. Hier sind bereits alle Weichen für einen Nachbarschaftskonflikt durch ein kränkendes Vorurteil gestellt. Dieses Vorurteil könnte durch einen Besuch des neuen Nachbarn in sich zusammenbrechen: „Ich habe ja gar nicht geahnt, daß das so nette Leute sind ...", in voller Bestätigung einer philosophischen Weisheit von Immanuel *Kant:* „Ich habe immer gefunden, die sogenannten schlechten Leute gewinnen, wenn man sie näher kennenlernt, die sogenannten guten Leute verlieren ..."

- „*Das lasse ich mir nicht mehr gefallen,* diese Unverschämtheit, uns ständig durch diesen Lärm zu stören ... ich glaube, die tun dies extra, um uns zu ärgern ..., die zeige ich jetzt bei der Polizei an ...": Kein Wunder, wenn von sofort an die ohnehin schon bestehenden Spannungen zu echten gegenseitigen Kränkungen eskalieren: Nachbarschaftliche Haßgefühle und Rachegelüste finden hier einen geradezu idealen Nährboden. Aber – man muß eigenes, kränkendes Fehlverhalten selbst büßen: Wie viele Herzstiche, Magenverstimmungen, schlaflose Nächte wären durch eine menschliche Selbstüberwindung, durch eine Aussprache, vermeidbar: Allerdings, je länger man mit dem Gespräch gewartet, alles heruntergeschluckt, in sich hineingefressen hatte, desto mehr sitzt „ein Kloß im Hals", der das Sprechen schwer machen kann, und doch – es gibt keine Alternative: Es sei denn, man ärgert sich weiter, oder – man zieht aus, eine Bankrotterklärung in der Lösung eines Konfliktes, über den der „böse Nachbar" sich gar noch freut!
- „*Das brauchen wir uns wirklich nicht gefallen* lassen, daß denen ihre Bäume uns die Sonne wegnehmen ..., in unser Grundstück hineinhängen ...": Je mehr hier das Gefühl einer Mißachtung eigenen Grund und Bodens in Wut, Ärger, gar Haß umgewandelt wird, um so weniger Freude hat man an seinem Besitz, der einen durch „den bösen Nachbarn" verleidet wird. Im eigenen Interesse seelischer Gesundheit gibt es keine Alternative gegenüber einer Befreiung von der vermeintlichen Kränkung durch den Nachbarn: „Ach, das tut mir aber leid ..., das hätten Sie mir ruhig schon früher sagen können ..." –, kein aussichtsloser Versuch, Krankheit durch Kränkung sich zu ersparen!

Zwangsläufig bringen nachbarschaftliche Beziehungen es auch mit sich, daß der Nachbar mehr persönliche, familiäre Probleme „mitbekommt", als es einem recht ist. Daran ist oft nicht viel zu ändern. Kränkungen entstehen mit Sicherheit, wenn daraus Gerüchte gemacht werden, die in der Umgebung bei „Hinz und Kunz" ausgestreut werden, das Ansehen, den Ruf schädigen: Das Zusammenleben in nachbarschaftlicher Gemeinschaft kann damit zur Hölle werden, man gelangte durch Streit, Beschimpfungen *von der Kränkung zum Nachbarschaftskonflikt:* Jeder davon betroffene Mensch bekommt ihn an seiner Gesundheit zu spüren, mit der Versuchung, immer mehr „Öl" in den lodernden Streit zu gießen: In diesem Streit ist nur der Mensch Gewinner, der durch Selbstüberwindung mit der ausgestreckten Hand zum Nachbarn geht, der *durch Versöhnung die Fesseln gegenseitiger Kränkung sprengt:* Dann hat man auch wieder Freude an seinem Haus, seiner Wohnung, am Garten und – schläft wieder gut, ohne Schlaftabletten!

4.14 Der Behinderte

Der Umgang mit dem Behinderten, die innere Einstellung zum Behinderten, bringt viele Menschen in Verlegenheit: Im Zentrum steht der seelische Kontrast zwischen Mitgefühl, Mitleid und einer Blockade im Gefühlsbereich bei der Begegnung mit einem Behinderten. Die drückende seelische Last des Behinderten, die Einbuße, der totale Verlust in der eigenständigen Gestaltung des Lebens, die Abhängigkeit von der Hilfe durch andere Menschen, werden von einer überdurchschnittlichen *Sensibilität des Behinderten für Kränkungen* begleitet, allerdings mit großen individuellen Unterschieden: Zwischen dem Behinderten, der in seiner Eigenständigkeit ganz auf den Mitmenschen angewiesen ist, durch seinen ungebrochenen Lebensmut, seine Fröhlichkeit, seine positive Ausstrahlung, einem unzufriedenen Menschen nicht nur Vorbild, sondern auch Hilfe sein kann, und dem Behinderten, der unter der Last seiner körperlichen Behinderung durch reaktive Depression auch seelisch behindert wurde: Je mehr die Auswirkungen einer geistigen und/oder körperlichen Behinderung die Qualität des *Ich,* das Selbstwertgefühl, drücken, umso größer ist auch die Sensibilität für *Kränkung durch Fehlverhalten aus der menschlichen Umwelt:*

- Neugieriges Hinschauen, gar Stehenbleiben mit „Angaffen" bei der Begegnung mit einem Menschen, der durch Art des Gehens, Aussehen, Verhalten von der „Norm" abweicht.
- Gedankenlose, taktlose, stets kränkende Bemerkungen, die nicht überhörbar sind: „Mein Gott, wie der/die bloß aussieht ..."
- Ausweichen bei persönlicher Begegnung: „Nee, dem kann ich keine Hand geben ..., mit dem setze ich mich nicht an einen Tisch ..."
- Demonstriertes Mitleid: „Ach, Sie tun mir aber leid..." Derartige Formulierungen verstärken das schon vorhandene seelische Leid, es wird direkt bestätigt: „Alles kann ich ertragen, nur nicht das Mitleid ...", klagte eine gekränkt sich fühlende Behinderte.

Für manchen Behinderten ist menschliches Fehlverhalten durch Kränkung schwerer zu ertragen als die spürbare Beeinträchtigung der eigenständigen Gestaltung des Lebens, der Teilnahme am Leben.

Diese Art seelischer Verletzung durch Kränkung holt sich stets auch ein zweites Opfer, denn *der Kränkende ist selbst behindert:* Er ist ein Mensch, der an der Oberfläche des Lebens lebt, ein Leben ohne Schatten leben will, der am eigentlichen Menschsein vorübergeht: Er hat es allerdings schwer, in eigener kritischer Situation seines Lebens, sich orientieren, sich selbst helfen zu können: Der Behinderte bringt für den Menschen ein Opfer: Mit seinem Schicksal markiert er Grenzen in den Höhenflügen unseres Lebens, mahnt an das Geschenk körperlicher und seelischer Gesundheit, dessen Besitz niemals Selbstverständlichkeit ist: Der gesunde Mensch mit ungezwungenem Zugang zum behinderten Menschen hat hier keine Probleme. Mit seiner Hilfe, Hilfsbereitschaft, wird er gar beschenkt, denn: „Dem Helfenden wird selbst geholfen ..." (Erich Fromm).

Jeder Mensch, der bemüht ist, den Zugang zum behinderten Menschen zu finden, muß umdenken: *„Behinderung" ist ein umfassender Sammelbegriff:* Nicht wenige Menschen identifizieren diesen Begriff mit dem „Rollstuhl", wie wir ihn auch ganz zu Recht als Symbol zum Beispiel auf Parkschildern finden, mit der Gefahr, daß die Behinderung zu einseitig, gar ausschließlich körperlich gesehen wird. Daraus ergibt sich ganz zwangsläufig eine Benachteiligung für Menschen, die aus psychischer Ursache, durch Schädel-Hirn- und Rückenmarksverletzungen oder durch Infektionen in diesen Bereichen zu Behinderten wurden: *„Dem sieht man die Behinderung ja gar nicht an ...“*. Hier geschieht durch vorschnelles Urteil manches Unrecht, aber auch noch in anderen Bereichen des Lebens, in welchen ein Mensch sich behindert fühlt, denn: Behinderung kommt nicht nur aus Hindernissen in der körperlichen Eigenbeweglichkeit, der psychischen Selbständigkeit, sondern auch aus Störungen im Aussehen mit Einbußen in der Identität, im Selbstwertgefühl, besonders durch *Hautausschläge, die „jeder sieht“, zur Kränkung reizen:* Von Hautkrankheiten, die große Bereiche des Körpers erfassen,

- der Neurodermitis, der störenden Begleiterin vieler Menschen von früher Kindheit an, in der Schule, und auch danach,
- der Psoriasis („Schuppenflechte“), die auch zur Belastung zwischenmenschlicher Beziehungen führen kann,

bis zu Hautveränderungen, die das Gesicht „entstellen“.

Typisches Beispiel aus dem Alltag: Die Akne des jungen Menschen: Es ist oft bedrückend, erfahren zu müssen, mit welcher Gewalt Pickel im Gesicht das Selbstwertgefühl herunterdrücken: Je stärker der seelisch besonders krank machende Reflex „Vom Aussehen zum Ansehen“ wirksam werden kann, umsomehr: „Ich spüre genau, daß man mir nicht in die Augen schaut, sondern nur meine Haut sieht ..., ich traue mich gar nicht mehr unter Menschen ... jeder macht eine Bemerkung“, beklagte sich bei mir ein Mädchen mit ihrer Akne im Gesicht. Sie mußte erfahren: *Nicht nur Worte, auch Blicke können kränken,* diese führen dann auch dazu, daß nicht der Hautbefund, sondern die ängstlich-depressive Stimmung zum gesundheitlichen Hindernis eskaliert. Der Bogen einer Behinderung ist aber noch viel umfassender. Entgegen mancher Auffassung gehört dazu auch *die Behinderung durch die Alkoholkrankheit:* Im breiten Spektrum von Behinderungen wird der Alkoholkranke irgendwie „vergessen“. Ganz sicher nicht absichtlich, sondern durch falschen Ansatz im Verstehen von Menschen, die dem Alkohol zum Opfer fielen, bei denen Versuche der Hilfe oft enttäuschten, gar zum Gefühl totaler Überforderung führten. In etwa vergleichbar mit der Situation, die Antoine de Saint-Exupéry nach der Begegnung seines „kleinen Prinzen" mit einem „Trinker" kommentierte: „Und der kleine Prinz entfloh, verlegen, ratlos ..."

Durch ihre Auffälligkeit im Verhalten geraten die Alkoholkranken unweigerlich in das kritische Blickfeld der Öffentlichkeit, die eher durch Auslachen, herabsetzende Bemerkungen, seelisch verletzt werden, als seelische Hilfe erhalten, jedoch: *Kränkung verschärft den Teufelskreis der Alkoholkrankheit!* Der krankmachende Fehler im Vorfeld der Krankheit, alles, was seelisch bedrückte, kränkte, herunterzuschlucken, dadurch zum „armen Schlucker" zu werden, wird durch jede Kränkung verschärft, verstärkt den Konsum von Alkohol! In der Hilfe für diese Menschen ist noch viel Umdenken erforderlich, um von der Kränkung zum Verständnis zu gelangen: Hier liegt die Voraussetzung jeder Hilfe, die oft so schwer fällt!

Über alle Arten einer Behinderung des Menschen spannt sich ein breiter Bogen, umfassend eine Vielzahl menschlicher Schicksale. Immer davon betroffen ist auch der Verzicht auf Bereiche des Lebens, der bedrückt, auf Bereiche, die für Menschen ohne Behinderung zur Selbstverständlichkeit wurden: Je mehr ein Mensch diese Selbstverständlichkeit auch als Geschenk empfindet, umsomehr bieten sich für ihn Chancen, mit seiner Einstellung gegenüber dem Behinderten, mit seiner Motivation zur Hilfe, zum Hoffnungsträger des Menschen mit einer Behinderung werden zu können. Jedes Defizit in diesen Bereichen birgt in sich ein nur schwer steuerbares Kränkungspotential im Umgang mit dem behinderten Menschen: Jeder Mensch, der davon betroffen sich fühlen muß, auch Schwierigkeiten im Umdenken hat, darf nie übersehen: Kein einziger Mensch hat einen Garantieschein für ein Leben ohne Behinderung!

4.15 Der alte Mensch

„Keine Kunst ist es, alt zu werden, es ist eine Kunst, es zu ertragen“: Mit diesen wenigen Worten ist *Goethe,* der selbst ein hohes Alter erreichte, auch heute noch aktuell, durch den stetigen Anstieg der Lebenserwartung aktueller als je zuvor. Dadurch stehen immer mehr Menschen vor der Aufgabe, alles zu tun, um ihr Alter nicht als Last, als ein unvermeidbares Übel empfinden zu müssen, ihm Sinn, Inhalt zu geben, um auch im Alter Freude am Leben zu haben. Jeder alte Mensch, dem dies nicht gelingt, verschlimmert seine Lebenssituation durch *Überempfindlichkeit gegenüber Kränkungen aller Art,* durch den deprimierenden „Altersfrust“, einer Brutstätte für Reizbarkeit, Mißtrauen, Konflikte. Im Grad der Empfindlichkeit ergeben sich allerdings große Unterschiede:

- Einerseits der zufriedene, dankbare alte Mensch, der in seiner Umgebung gern gesehen, beliebt ist, den man auch gerne bei sich hat, der nicht kränkt, und – nicht gekränkt wird;
- andererseits der alte Mensch, der mit Gott und der Welt nicht zurechtkommt („Mir ist alles verleidet, wofür lebe ich eigentlich noch ...?“), der an allen etwas auszusetzen hat, undankbar ist: „Sieht man Euch endlich auch mal wieder ..., Ist das der Dank für alles, was ich für Euch getan habe ...?“ Damit kann der alte Mensch selbst kränken. Er schneidet sich dadurch aber in das eigene Fleisch: Die Besuche werden rarer, Zuwendung und Hilfsbereitschaft beschränken sich auf das Allernotwendigste, oft mit später Erkenntnis, falls dafür Einsicht und kritisches Denken noch verfügbar sind:

Wer sich auf die Situation des Alters nicht vorbereitet, tut schwer, dies im Alter selbst nachzuholen. Auch hier hat uns *Goethe* eine mahnende Hilfe hinterlassen:

> „Wir leben so lange es Gott bestimmt hat.
> Aber es ist ein großer Unterschied,
> ob wir im Alter jämmerlich wie alte Hunde leben,
> oder wohl und frisch ...“

Eine wichtige Ursache für Kränkungen im Bereich des Alters entspringt aus dem Übergang vom Berufsleben „in die Rente", in den Ruhestand. *Auch das Ausscheiden aus dem Berufsleben kann kränken!* Der Eintritt in die schönste Zeit des Lebens soll kränken? Man hatte sich doch eigentlich die ganze Zeit auf die Zeit nach der Arbeit gefreut. Aber – je näher dieser Abschied vom Beruf rückt, umso stiller wird es um den Menschen, der vor diesem Einschnitt in seinem Leben steht: Irgendwie sieht jetzt alles ganz anders aus: Was tue ich eigentlich, wenn ich morgens aufwache und nicht mehr zur Arbeit gehe? In der Familie macht man sich auch bereits Sorgen: „Ich weiß nicht, wie es werden soll, wenn mein Mann jetzt ganz ohne Arbeit ist ..." In diesem Bereich liegen unberechenbare Gefahren für Kränkung durch die „gähnende Langeweile", durch den seelisch schmerzhaften, körperlich spürbaren Entzug von der Droge „Arbeit". Besonders deprimierend wirkt hier *Kränkung durch das Gefühl, nicht mehr gebraucht zu werden.*

Vorwiegend davon betroffen sind Menschen, die auf diesen Abschnitt ihres Lebens unvorbereitet sind, für die ihre Arbeit „ein und alles" war. Durch den Entzug von jahrzehntelang gewohnter Arbeit von einem Tag zum anderen, entsteht das Gefühl innerer Leere, die eine positive Einstellung zum Fortgang des Lebens im Alter drückt, begleitet von einer Anzahl gesundheitlicher Störungen: Unruhe, „Nervosität", Herzbeschwerden, Blutdruckkrisen, Schlaflosigkeit, Depression. Für alle davon betroffenen Menschen wird es nun zur niederdrückenden, kränkenden Gewißheit: *„Wer nicht mehr gebraucht wird, wird unbrauchbar ...",* eine Formulierung, die – mehr als viele Worte – erkennen läßt, daß Gefühle der Nutzlosigkeit, der Überflüssigkeit durch Kränkung echt krank machen. Davon betroffene Menschen gelangen *von der gähnenden zur tödlichen Langeweile:* Hier wird mit einem einzigen Wort, mit „tödlich", eine Warnung ausgedrückt, die zugleich bedrückt, weil der Ruhestand durch einen baldigen Tod, den „Pensionarstod", bedroht ist.

Im Verlaufe des Älterwerdens bleiben kaum einem Menschen Kränkungen erspart. Oft sind es scheinbar nur *Kleinigkeiten, die ganz gewaltig kränken,* ohne daß hinter diesen unbedingt eine böse Absicht hätte stehen müssen, außer vielleicht Gedankenlosigkeit.

- *Das Ausscheiden aus dem Berufsleben:* „Abschied als Verwaltungsakt ... am Schluß der öffentlichen Sitzung wurde nicht verabschiedet, sondern verwaltet ..., unpersönlich, vorschriftsmäßig ..." –, ein Vorgang wie er sich tagtäglich bei der Verabschiedung in den Ruhestand abspielen kann. Hier muß allerdings berücksichtigt werden, daß die Sensibilität für Kränkung in dieser Übergangsphase zum 3. Abschnitt des Lebens besonders stark ist, so stark, daß hochsensible Menschen, sich gar nicht verabschieden lassen wollen –, eine Art von Selbstkränkung!
- *Der alte Mensch als Patient im Krankenhaus:* Man macht es sich mitunter recht leicht. Während jeder Patient mit seinem Namen angeredet zu werden pflegt, ist dies bei ihm nicht unbedingt selbstverständlich: „Na, Oma, wie geht es uns denn heute ..." Dieser unpersönliche Zugang kränkt, zumindest, wenn diese „Oma" in Wirklichkeit nie Oma war. Und wer ist wohl dieser „uns"? Eine scheinbare Kleinigkeit in der Begegnung mit einem alten Menschen –, aber kränkend, weil unpersönlich und unhöflich. Durch Kränkung gefährdet ist aber auch
- *der hilflose Mensch im Altersheim:* „Das haben Sie nun schon zum wiederholten Male gesagt ...": Derartige Formulierungen sind nicht nur überflüssig, sie können auch sehr kränken: Sie bestätigen, daß man alt, „verkalkt" ist. „Was haben Sie denn da angestellt ...? Reißen Sie sich doch gefälligst zusammen ...!" Mit solchen oder ähnlichen Formulierungen verspürt der gebrechlich, unsicher gewordene alte Mensch, die ganze Last seines Alters durch Hilflosigkeit, des Angewiesenseins auf andere Menschen, mit extremen Kontrasten in der Qualität menschlicher Zuwendung: „So, nun werde ich Ihnen erst mal helfen ..., da brauchen Sie sich doch keine Vorwürfe zu machen ...": Worte als seelisches Medikament, verabreicht vom Menschen, als des Menschen beste Medizin!

„Lang leben will halt alles, aber alt werden will kein Mensch". Mit diesen wenigen Worten erkannte der österreichische Dich-

ter *J. N. Nestroy* (1801–1862) den eigentlichen Kern des Problems vieler Menschen im Verständnis des Alters, des positiven Sehens auch des Alters, als untrennbarem Bestandteil des Lebens insgesamt. Jeder, der sich innerlich und auch durch äußerliche „Korrekturen" gegen das Alter sträubt, erweist sich selbst den schlechtesten Dienst. Er fährt mit angezogenen, blockierten Bremsen in die Endstation seines Lebens: Für den einen Menschen eine dunkle, deprimierende Sackgasse, für den Menschen, der die noch verfügbaren körperlichen, geistigen Kräfte zu nützen weiß, ein Leben, das zu leben sich lohnt: „Es ist ein Gesetz im Leben, daß wenn eine Tür sich vor uns schließt, sich dafür eine andere öffnet. Die Tragik ist jedoch, daß man nach der geschlossenen Tür blickt und die geöffnete nicht beachtet." Der französische Schriftsteller *André Gide* (1869–1951) hat uns damit eine eindrucksvolle Hilfe der Orientierung für den Weg in einen Abschnitt des Lebens gegeben, die weitaus mehr Chancen der Lebensgestaltung bietet, als manche Menschen, die im Alter nur eine Last, ein unvermeidbares Übel sehen, dies wissen. Sie wußten allerdings auch nicht, daß Älterwerden die einzige Möglichkeit ist, alt zu werden!

5.
Von der Kränkung zur Krankheit

Jeder Mensch, der die Gefahren für seine Gesundheit durch Kränkung nicht erkennt, sich von ihnen nicht befreien kann, öffnet ihnen den Weg nach innen, in die Psyche, in das Gemüt. Dann muß nicht nur der seelische Leidensdruck durch Kränkung ertragen werden, sondern auch deren Auswirkungen auf den Körper. Es erfüllt sich das Grundgesetz der Psychosomatik: *„Wenn die Seele schweigt, schreit der Körper!"* Hier wird der Körper zum Opferlamm einer Psyche, deren Kräfte zur Abwehr einer Verletzung durch Kränkung nicht ausreichen, stellvertretend für die Seele wird der Körper krank. Die Vielfalt dadurch verursachter Krankheiten ist überraschend. In ihrer Erkennung führen sie allzuleicht auf Irrwege, sie stellen daher hohe Anforderungen an die diagnostische Kunst des Arztes: *„Die häufigste Diagnose ist hier die Fehldiagnose ..."* – das ehrliche Bekenntnis eines psychosomatisch engagierten Arztes: Ein Arzt, der nur die körperlichen Krankheitszeichen eines psychosomatisch Kranken behandelt, befindet sich in der gleichen Situation wie ein Mensch, der etwas in einer Fremdsprache lesen will, ohne deren Vokabeln zu kennen, denn auch *Psychosomatik ist eine Art von Fremdsprache:* Der Patient sagt die Vokabeln, seine Krankheitssymptome, die Übersetzung erhofft er vom Arzt, der es hier nicht leicht hat. Wer denkt gleich bei Herzschmerzen, Kopfweh, Migräne, Gallenkolik, Magenverstimmung, Hautjucken vordergründig an Signale aus der Psyche? Je besser hier die „Compliance", die Zusammenarbeit von Patient und Arzt, funktioniert, desto erfolgreicher wird die Hilfe sein. *Voraussetzung dafür ist Zeit –, Zeit für das Gespräch!* Das Gespräch zwischen dem Arzt und seinem Patienten ist der wichtigste Weg zur Erkennung einer psychosomatischen Krankheit, zugleich das wirksamste Arzneimittel ihrer Behandlung! Allzuoft wird aber vergessen: *Die psychosomatische Krankheit hat ein Vorfeld.* Sie kommt nicht wie der Blitz aus heiterem Himmel: Oft schon viele Jahre zuvor spürte der psychosomatisch Kranke bei Aufregung, Angst, Ärger, bei allen Arten einer Kränkung, seine *Schwachstelle für die spätere psychosomatische Krankheit,* die er auch recht treffend beschreibt:

- „Jede kleinste Aufregung schlägt mir gleich auf den Magen."
- „Wenn mich jemand ärgert, spüre ich das am Herz ..."
- „Wenn ich Angst habe, komme ich furchtbar ins Schwitzen."

Damit sind Menschen, die sich so oder ähnlich äußern, noch nicht psychosomatisch krank: Sie tragen aber ein diagnostisches Etikett mit einer Warnung: Jede Kränkung, die in ihrer Gefährlichkeit nicht erkannt, heruntergeschluckt wurde, damit zur seelischen Verletzung führen konnte, bahnt den Weg in die psychosomatische Krankheit! Mit ihren Symptomen, ihrer Lokalisation sind *psychosomatische Krankheiten äußerst vielgestaltig,* praktisch kein Organ, keinen Bereich des Körpers verschonend; einige typische Beispiele mögen dies zu erkennen geben:

5.1 Der Kopfschmerz, die Migräne („Hemicranie")

Wie bei jeder psychosomatischen Diagnostik muß auch hier zuerst an körperliche Krankheitsursachen gedacht werden, zum Beispiel: Gefäßkrankheit, Glaukom, Tumor, Bluthochdruck. Unter allen diesen Ursachen ist aber der psychosomatische Kopfschmerz am häufigsten. Der davon betroffene Mensch gibt selbst diagnostische Hinweise:

- „Ich zerbreche mir den Kopf ..., mir wächst alles über den Kopf."
- „Mir fällt die Decke auf den Kopf ..." Oder auch:
- „Mir raucht der Kopf ..., ich weiß nicht mehr, wo mir der Kopf steht ..." –, typische Angaben beim Streß-Kopfschmerz.

5.2 Der „Kloß im Hals“

Sehr häufig bei Menschen mit Angst, die so rasch „die Faust im Nacken“ spüren. Sie sagen es direkt: „Es schnürt mir die Gurgel zu …, mir steht das Wasser bis zum Hals …“ Oft ist es auch die berüchtigte „Kröte“, die man geschluckt hat, die im Hals stecken bleibt.

5.3 Herzstiche, Herzschmerzen, Angina pectoris „nervosa“

Wenn Kränkung durch Ärger, Angst „aufs Herz schlägt …“ „Das gab mir einen gewaltigen Stich ins Herz …, das brachte mir das Herz zum Bluten …, das Herz will mir zerbrechen …“ In derartigen Formulierungen liegen Signale einer Durchblutungsstörung des Herzens, nicht selten auch als Vorboten der Gefahr eines Herzinfarktes.

5.4 „Magenverstimmung“, Gastritis, Magengeschwür

„Ich fresse alles in mich hinein …, ich schlucke alles herunter …, ich habe mir ein Loch in den Bauch geärgert …“ Dieses Loch ist dann das Magengeschwür. Der Volksmund kennt diese Zusammenhänge recht gut: „Du bekommst das Magengeschwür nicht von dem, was du ißt, sondern von dem, was dich seelisch frißt!“

5.5 Kolik der Gallenblase

Wenn vor Ärger, Wut, eine „Laus über die Leber läuft“, man sich „grün und gelb“ geärgert hat, „die Galle überläuft …“

5.6 Bluthochdruck, Blutunterdruck

„Ich fühle mich unter Druck gesetzt ..." Jeder Mensch, der sich so oder ähnlich äußert, weil er sich gehetzt, verängstigt fühlt, spürt dies auch am Blutdruck: Er kann ansteigen, oft recht hoch („... mich trifft der Schlag ...!"), er kann aber auch nach unten, „in den Keller" gedrückt werden, gar oft den Morgenmuffel prägend.

5.7 Zwanghafter Harndrang, Bettnässen (Enuresis)

„Das geht an die Nieren ..." Beim Bettnässen des älteren Kindes: „Das Kind weint nicht über die Augen, sondern über die Blase ..."

5.8 Halswirbelsäulensyndrom (HWS-Syndrom)

Verstärkung der Schmerzen bei Menschen, die eine „Faust im Nacken" verspüren, denen „das Wasser bis zum Halse" steht, die von einem „Halsabschneider" sich bedroht fühlen, „Nakkenschläge" erlitten.

5.9 Rückenschmerzen

Entweder allein durch Muskelspasmen verursacht oder verschlimmernd bei entzündlichen sowie degenerativen Veränderungen der Wirbelsäule, der Bänder, Gelenke. Betroffen davon sind Menschen, die „ein schweres Kreuz" zu tragen haben, die in bedrängter Situation „mit dem Rücken zur Wand stehen ..., nicht mehr ein und aus wissen ..." Sie gelangen von der seelischen Verspannung zur Verspannung des Körpers, der Muskeln.

5.10 Hautausschlag, Neurodermitis, Juckreiz

Wenn man in bedrängter Lage, bei Enttäuschung, Ärger, Wut, gerne mit der Hand, mit dem Fuß „ausschlagen" möchte, dies aber nicht kann, sich nicht traut, nicht darf, „rächt" sich die Haut: Sie schlägt aus, für jeden sichtbar durch den Haut-„Ausschlag". Menschen, die dies betrifft, sagen: „Ich fühle mich in meiner Haut nicht wohl ..., ich möchte zu gerne aus meiner Haut fahren ..., ich habe eine viel zu dünne Haut, bei mir geht alles gleich unter die Haut ..." Und wenn die Psyche „juckt", dann juckt auch die Haut.

5.11 Feuchte Hände, Fußschweiß

Typisch bei Menschen mit Berührungs-, mit Schwellenängsten: „Mir sind Hände und Füße gebunden", eine bildhafte Umschreibung von Angst, die sich körperlich durch „Angstschweiß" zu erkennen gibt.

5.12 Nägelkauen, Nägelreißen

Ein gelbes Blinklicht aus der Tiefe einer verunsicherten, gekränkt sich fühlenden Seele, wenn „Probleme unter den Nägeln brennen ..., es in den Fingern juckt ...".

5.13 Allergie

„Gegen den, gegen die bin ich allergisch, den/die kann ich nicht riechen mit Haut und Haaren nicht leiden ..." Bereits diese Formulierungen aus dem Volksmund lassen erkennen, daß die Allergie nicht nur eine Antigen-Antikörperkrankheit ist, sondern auch enge Beziehungen zur seelischen Überempfindlichkeit durch gestörten zwischenmenschlichen Kontakt hat.

In unserem Verhalten bei seelischer Verletzung durch Kränkung ergibt sich oft ein gefährlicher Kontrast im Vergleich zur Problemlosigkeit in der Abwehr krank machender Einwirkungen auf den Körper: Der Fremdkörper, der in das Fleisch eingedrungen ist, wird herausgeholt. Wenn wir etwas essen, das verdorben, bakteriell infiziert ist, wehrt sich unser Körper durch Erbrechen, Durchfall. Aber bei seelischer Verletzung? Man sagt zwar *„Es ist zum Kotzen ...“*, wenn man von lauter seelischem Unrat, Gift „die Schnauze voll“ hat, aber – die befreiend wirkenden Worte der Abwehr bleiben „im Halse stekken“. Sie leisten den bereits dort sich befindenden psychosomatischen Störenfrieden, der „geschluckten Kröte“, dem „Frosch im Hals“, Gesellschaft. Die Unfähigkeit einer Befreiung durch „seelisches“ Erbrechen von Sorgen, Ärger, Wut, führt zur *„Selbstzerfleischung“ des Körpers,* er büßt das Versagen der Seele! Nicht nur in der Gesundheit, auch in der Krankheit, ganz besonders bei psychosomatischen Krankheiten bestätigt sich ein Naturgesetz: Seele und Körper, Körper und Seele sind eine Einheit:

„Müsset im Naturbetrachten immer eines wie alles achten:
Nichts ist drinnen, nichts ist draußen,
denn, was drinnen, das ist außen.“

Mit wenigen Worten seines Gedichtes „Epirrhema“ gab uns *Goethe* eine eindrucksvolle Orientierung kompliziert erscheinender Vorgänge, die genau die Krankheitsproblematik des psychosomatisch Kranken treffen: Erst, wenn das, was „drinnen“, in der Seele, war, auch „draußen“, am Körper erfaßbar ist, kann dem psychosomatisch Kranken geholfen werden. Eine paradox klingende Situation wird wirksam, ein scheinbarer *Gewinn durch Krankheit:* Der Kranke, der alles, was ihn seelisch bedrückte, nach innen verdrängte, wird nun mit seinen körperlichen Krankheitssymptomen, die nach außen drängen, verstanden: Da ist nun endlich etwas Faßbares, objektiv Nachweisbares. Der psychosomatisch Kranke ist damit ein Kranker wie jeder körperlich Kranke! Mit seinen Beschwerden am Herzen, am Magen, im Rücken wird er jetzt ernst genommen. Der „Gewinn“ durch Symptome körperlicher Krankheit wird teuer erkauft: Diese Krankheit ist nämlich nicht von außen, über den Körper, sondern nur von „innen", über die Seele, heilbar! Bis zu dieser Erkenntnis haben viele psychosomatisch Kranke oft einen langen Leidensweg hinter sich: Sie stehen wie ein hilfloser Mensch vor einer verschlossenen Tür, für die der passende Schlüssel fehlt. Sie sind ausgeschlossen von wirksamer Hilfe, eingeschlossen mit ihrer seelischen Last! Für manchen Leser mit Erwartung und Hoffnung einer Befreiung aus Anfälligkeit für Kränkungen, für Leser, die unter Kränkungen seelisch leiden, schon krank geworden sind, mag es enttäuschend klingen, aber es ist harte Realität: *Gegen Kränkung gibt es kein einziges Medikament!* Alle verführerischen Versuche, sich durch chemische Mittel gegen Sensibilität für Kränkungen zu schützen, Krankheit infolge Kränkung zu heilen, verdecken die Ursachen für Kränkung, machen alles noch schlimmer: Für das, was bei Infektionskrankheiten durch Einsatz von Penizillin, Chemotherapie, durch Impfung so gut funktioniert, gibt es keine vergleichbaren Möglichkeiten der Behandlung. Hier hilft nur *Selbsthilfe durch einen Lernprozeß: Kränkung abwehren!* Am Beginn und im Zentrum dieses Lernprozesses steht das Wissen um die Gefährlichkeit einer Kränkung für die Gesundheit, um Kränkungen in ihrer potentiellen Gefahr für die Gesundheit frühestmöglich zu erkennen, alles zu tun, um die Seele, die Psyche, das Gemüt, vor einer Vergiftung, Lähmung durch Kränkung zu schützen, also:

- Kränkungen nicht „unter die Haut" gehen lassen,
- Kränkungen „nicht in sich hineinfressen",
- Kränkungen „nicht schlucken".

Jeder Mensch weiß, daß dies – trotz aller guten Vorsätze – nicht immer gelingt. Daher ist es um so wichtiger, einen Lernprozeß zu verwirklichen:

Kränkungen verarbeiten!

„Verarbeiten" enthält bereits den eigentlichen Auftrag, nämlich „Arbeit", wenn der durch Kränkung gefährdete Mensch nicht zum willfährigen Opfer aller Arten von Kränkung werden will. Er muß „an sich selbst arbeiten", um nicht immer wieder in die gefährlichen Fallen der Kränkung zu geraten: *„Wie konnte ich bloß so dumm sein ...!"* So oder ähnlich lauten

Vorwürfe, die Menschen sich machen, wenn sie im Lernprozeß der Selbsthilfe – oft erst nach manchem gesundheitlichen „Nackenschlag" durch Kränkung – erkennen, wie negativ ihr Leben durch die Schutzlosigkeit gegenüber Kränkungen zuvor verlief. Allerdings kann auch nicht übersehen werden: *Es gibt kein Patentrezept zum Schutz gegen Kränkung,* aber Wege, die aus verschiedenen Richtungen kommen, die durch ihr Zusammentreffen und -wirken, die Empfindlichkeit für Kränkungen abschwächen, einen Schutzwall gegen Kränkungen schaffen. Das geht nicht im Handumdrehen, auch nicht von heute auf morgen, ist aber realisierbar. Im Vordergrund steht immer – wie bei allen Wegen der Selbsthilfe – das Grundgesetz der *Selbsterkenntnis: „So kann es mit mir nicht weitergehen ...!"*, mit dem Entschluß: „Ich will mich ändern!". Für jeden, der hier noch unentschlossen ist, gab *Hippokrates,* der größte Arzt der Medizingeschichte, schon vor 2000 Jahren eine Orientierung: „Wenn du nicht bereit bist, dich zu ändern, kann dir nicht geholfen werden!" Je mehr Selbsterkenntnis zum Handeln drängt, der Entschluß, sich zu ändern, auch dazu motiviert, desto erfolgreicher sind alle Wege der Selbsthilfe.

6.
Vermeidung und Abwehr von Kränkungen

Das, was in unserem Alltag, im wirtschaftlichen Bereich, ganz selbstverständlich ist, die Abwägung zwischen den Kosten für ein Vorhaben, für eine Anschaffung, und dem kalkulierten Nutzen, durch eine Kosten-Nutzen-Analyse, fällt im Engagement für die Gesundheit den meisten Menschen offenbar schwer: Wer aber nicht zum willfährigen Opfer von Kränkung werden will, muß für sich eine gesundheitliche Bilanz ziehen, durch eine *Kosten-Nutzen-Analyse von Gesundheit und Kränkung,* die zur Antwort auf kritische Fragen zwingt:

- Kostet es mir die Gesundheit, gar „die letzten Nerven", wenn ich mich weiterhin von jedermann und jederzeit kränken lasse?
- Steht der gesundheitliche Preis für Krankheit durch Kränkung nicht in extremem Kontrast zu meiner sonstigen Intelligenz, zu meinem Wissen von unbezahlbaren Wert der Gesundheit?
- Muß ich unbedingt zum gesundheitlichen Bankrott kommen, nur weil ich mich gegen Kränkung nicht wehren kann?

Gewiß – keiner kann aus seiner Haut. Auch hat nicht jeder, die so heiß begehrte Elefantenhaut, Nerven wie Drahtseile oder Schiffstaue. Keinem einzigen Menschen mit der zu „dünnen Haut", dem „schwachen Nervenkostüm", der nicht bei jeder Kränkung gleich „die Nerven verlieren" will, bleibt es daher erspart, sich durch seelisches Training, eine seelische Hornhaut, eine Art von Schutzpanzer für die Psyche zuzulegen, um sich gegen Kränkungen besser verteidigen, sie abwehren zu können. Hier ist jeder Mensch für sich selbst gefordert, durch Selbsthilfen sich zu befreien – niemand kann ihm dies abnehmen!

Zahlreiche Wege führen zur Selbsthilfe gegen Kränkung
Alle haben ein gemeinsames Ziel: Steigerung der seelischen Abwehrkräfte gegen Kränkung, in der Gefahr einer Kränkung also

- nicht gleich „den Kopf verlieren" –, er wird dringend gebraucht,
- nicht „aus der Haut fahren" –, ungeschützt dazustehen,
- nicht gleich „in die Knie gehen" –, der Verlust der Standhaftigkeit, des Stehvermögens, rächt sich,
- nicht „die Flinte ins Korn werfen" –, sich zur Wehr setzen,
- nicht gleich „in die Luft gehen" –, um den Boden unter den Füßen nicht zu verlieren!

An diesen Formulierungen fällt auf, daß der Volksmund für alles, was mit Kränkung zu tun hat, ein gutes Gespür hat. Daraus ergeben sich zugleich Ansatzpunkte für Wege der Selbsthilfe, für die es keinen Ersatz gibt: Jeder Mensch, der diese Chancen für einen Schutz gegen Kränkung mißachtet, ist vergleichbar einem Menschen, der sein Vermögen an Bargeld bündelweise aus dem Fenster herauswirft: Beide Menschen brauchen Hilfe, der eine finanziell, der andere gesundheitlich: Jeder Mensch, der unter ständigen Kränkungen zu leiden hat, der durch Kränkung krank wurde, weiß, daß im Brennpunkt aller Ursachen für Kränkung, der Ärger eine dominierende Position beansprucht.

„Immer Ärger mit dem Ärger!" Wer sich in diesem Teufelskreis für Kränkungen aller Art befindet, muß alles tun, um sich daraus zu befreien. In gleicher Weise gilt dies für jeden Menschen, der unter Kränkungen zu leiden hat –, der Ärger ist immer mit von der Partie. Hilfe zur Selbsthilfe bietet hier ein Lernprozeß.

6.1 Das Anti-Ärgerprogramm

Es hat zum Ziel, den Ärger, eine stets gegen sich selbst gerichtete Waffe, zu entschärfen, zu zerstören, ihn nicht nach innen dringen zu lassen: Gewiß, jeder Mensch weiß, daß man dem Ärger auf Schritt und Tritt begegnet, er ist penetrant wie eine

Schmeißfliege: Wie diese total nutzlos und schädlich, aber – man kann sich nicht nur gegen die Schmeißfliege wehren, sondern auch gegen Ärger! Hilfe kommt jedoch nicht von außen: Jeder Mensch, der durch Ärger nicht gekränkt, nicht krank werden will, muß sich selbst helfen.

Am Beginn dieser Selbsthilfe steht eine *Information über das Wesen des Ärgers:* Ärger ist vergleichbar mit einer Überschwemmung: Er erfaßt stets den ganzen Menschen, über die verärgerte, gekränkte Seele, auch den Körper. Damit werden Stimmung und körperlicher Schwung zugleich gedrückt. Ärger ist aber auch ansteckend: Der verärgerte Mensch überträgt seine Gereiztheit, schlechte Laune durch Verärgerung: Auf seine Umgebung, in der Familie, am Arbeitsplatz. Daraus entsteht neuer Ärger – ein verhexter, ärgerlicher Teufelskreis, aus dem, sich zu befreien, oft so schwer fällt, weil Ärger die seelischen Abwehrkräfte lähmt. Das zeigt sich besonders deutlich auch beim *Ärger im „Kleinkrieg" des Alltags, der jeden kleinkriegt,* diesem „permanenten Ärger" von Menschen, die sich von jedermann ärgern lassen, durch ihre spürbare Verärgerung aber neuen Ärger sich schaffen. Hier fängt bereits ein entscheidender Lernprozeß an, indem man sich mit dem Ärger nicht mehr falsch auseinandersetzt: Wenn man geärgert wird, ist es keine Verpflichtung, nun auch jedem den Gefallen tun, sich unbedingt zu ärgern: *„Ich werde geärgert ..."* heißt noch lange nicht, daß ich mich ärgern muß. Eine befreiende Formulierung durch positive Autosuggestion kann hier helfen: „Ich bin doch nicht so blöd, daß ich mich von dem/der ganz nach Belieben ärgern lasse, wo ich genau weiß, daß Kränkung durch Ärger mich krank macht!" Dazu gibt es noch einen hilfreichen psychologisch-pädagogischen Trick der Selbsthilfe: „Wenn ich mich von dem nicht mehr ärgern lasse, dann ärgert dies ihn selbst. Dann vergeht ihm aber auch der Spaß, mich zu ärgern ...!"

Wer in akuter Situation von Ärger allerdings nur noch „rot" sieht, erlebt den Ärger in extremer Vergrößerung: Der Maulwurfshügel wird mit einem Berg verwechselt! Wer dann gar noch „aus der Haut fährt", ist nach außen völlig ungeschützt: Der Ärger wird damit aber nicht abgewehrt: Er geht direkt

„unter die Haut“, oder wird als Ganzes heruntergeschluckt, in sich hineingefressen. Es entsteht der berüchtigte „unverdaute“ Ärger, der sich im Körper des zum „armen Schlucker“ gewordenen Menschen austoben, zum Angriff auf die Gesundheit übergehen kann. In diesem gefährlichen Stadium von Ärger fällt Selbsthilfe schwer. Besser ist es daher, gar nicht erst in diese Situation zu geraten, in ärgerfreier Zeit, gegen Ärger sich zu immunisieren. Hier muß man so früh und so oft wie möglich *dem Ärger vorbeugen.* Voraussetzung dafür ist eine körperliche und seelische Stabilisierung, um die Schwelle der Empfindlichkeit für Ärger zu drücken, sich gegen Ärger zu desensibilieren, gegenüber Ärger nicht gleich so empfindlich zu sein, weil man eine zu dünne Haut hat: Das „dicke Fell“, um das man Menschen beneidet, die so leicht nichts aus der Ruhe bringt, könnte dann auch helfen, die verführerische Flucht durch Ärger in Kopfschmerz-, Beruhigungs- und Schlaftabletten aufzugeben. Die wichtigste Voraussetzung für eine erfolgreiche Ärgerprävention heißt schlicht und einfach *sich ändern:* Das bisherige Verhalten gegenüber dem Ärger überprüfen, aus den bis jetzt gemachten Fehlern zu lernen: Nicht bei jeder Gelegenheit, sich „auf die Füße“ treten lassen, nicht unbedingt, „in ein Wespennest stechen“, um Ärger damit unnötig zu provozieren, keinesfalls Ärger in sich hineinfressen. Falls dies doch geschehen ist, alles tun, um den Ärger wieder herauszulassen. Optimale Ärgervorbeugung wäre, *sich den Ärger vom Halse zu halten!* Wer hier Erfolg haben will, muß zunächst mal bei sich selbst anfangen, denn Selbsterkenntnis ist auch hier der beste Weg einer Besserung: Durch Verbesserung eigenen Verhaltens, Schwachstellen für Ärgersensibilität, für Ärgerprovokation, zu finden, mit sich selbst ins Gewissen zu gehen: Liegt es vielleicht an mir selbst, daß ich so leicht zu ärgern bin? Bringe ich friedfertige Menschen zur „Weißglut“, vielleicht durch Mißgunst, Neid, Haß, Zynismus? Bin ich zu sehr auf mich bezogen, zu eitel? Bin ich gar durch eine Art narzißtischer Kränkungssensibilität allergisch gegen die geringste Kritik an der Liebe zu mir selbst? Diese und viele andere Fragen müssen sich Menschen stellen, die durch Ärger Kränkungen aller Art sich aufhalsen, gesundheitlich aber nicht mehr unter Ärger leiden wollen.

Wer hier Erfolg haben will, auch jeder Mensch, der sich von gesundheitlichen Gefahren der Kränkung durch Ärger entlasten, befreien will, kann sich dafür orientieren und motivieren lassen. Am besten durch *Tatsachen, die gegen den Ärger sprechen,* die den Ärger als Zerstörer von Gesundheit und Leben anklagen:

- Bereits wenige Sekunden Ärger können durch Kränkung den ganzen Tag verderben, gar den Schlaf in der Nacht rauben.
- Man kann vor Ärger nicht nur explodieren und damit „in die Luft gehen", sondern auch körperlich schwer krank werden, ja – man kann sich sogar „zu Tode ärgern".
- Wer sich ärgern läßt, büßt für die Sünden eines anderen Menschen.
- Medikamente können den Ärger nicht heilen, heilen kann hier nur der Mensch selbst!

Jeder, der nun das Ausmaß der gesundheitlichen Folgen einer Kränkung durch verdrängten, verschluckten Ärger kennt, wird motiviert sein, sich gegen den Ärger zu wehren.

Wege, die zur Abwehr von Ärger führen:

- Seinem Ärger „Luft machen": Nicht vor Wut „in die Luft", sondern an die Luft, an die frische Luft gehen, um dort dem Ärger davonzulaufen: Im Feuer der Muskelwärme durch Bewegung schmilzt der Ärger wie die Butter in der Sonne. Beim Rückzug in den Schmollwinkel wuchert Ärger aber wie Unkraut: Durch Kränkung macht er nun krank.
- Ärger sich ersparen, denn Ärger ist teuer, er kann gar die „letzten Nerven kosten"!
- Dem Ärger „aus dem Wege gehen", ihn nicht unbedingt suchen.
- Bei jedem Überfall durch Ärger zunächst versuchen, sich in den Menschen hineinzuversetzen, der durch Ärger zu kränken versucht. Hier ist eine Alternative zu prüfen: „Unverschämtheit, mich so zu behandeln, Sie ...!" Oder doch besser eine emotionale Bremse als Selbsthilfe: „Vielleicht

hatte er gerade einen schlechten Tag, eigene Probleme ... er kann mir direkt leid tun, daß er so aus der Rolle fallen mußte ...!“

- Wie bei Allergie ist auch bei Ärger die Sofort-Reaktion besonders dramatisch. Beim Ärger gibt es allerdings ein wirksames Medikament, die Denkpause, als Teil eines 3-Stufen-Programms: Erst denken, dann urteilen und zuletzt – handeln, um selbst nicht aus der Rolle zu fallen. Ein erster Schritt dazu wäre es, vor dem Wutausbruch durch Ärger zuerst mal bis 10 zählen! Und dann gibt es ja auch die gut bekannte
- Humortherapie: Das Lächeln ist die eleganteste Art, einem Menschen, der ärgert, die Zähne zu zeigen, nach der Devise des Volksmundes: Lieber sich halbtot lachen als tot ärgern! Die Kränkung durch Ärger hat hier keine Chance!

6.2 Das Anti-Streßprogramm

Wer dieses Programm lernen will, muß von einigen Gewohnheiten des Alltags Abschied nehmen, sich neu orientieren und – sich ändern, das wohl Schwerste! Am Beginn steht eine motivierende Erkenntnis in der Beziehung zwischen Pflichtgefühl, Arbeit, Beruf einerseits und dem Wert der Gesundheit, der Lebensqualität, andererseits: Die Lebensqualität wird nicht nur durch beruflichen Erfolg, durch Prestige, Karriere bestimmt, sondern auch von der Art und Weise, in welcher die alltägliche Arbeit geleistet, in ihr ein Sinn erkannt wird: Strebsamkeit, Fleiß, Eifer verhelfen zwar zum Erfolg, zum Ansehen, allzuoft aber auf Kosten der Freiheit im persönlichen und familiären Leben, der Gesundheit: Wenn in den harmonischen Beziehungen dieser Bereiche zueinander das Gleichgewicht zwischen Spannung und Entspannung verlorenging, entsteht aus der Freude an der Arbeit, der familiären Harmonie, dem wohltuenden Eu-Streß, *der krank machende Streß, der Dis-Streß:**

---

* Ausführliche Darstellung in: „Streßgefahren – erkennen, überwinden!“ (Rudolf Köster), Expert Verlag, 7031 Ehningen 120 S., 1988.

In allen zwischenmenschlichen Begegnungen schwächt er die seelische Kraft zur Abwehr von Kränkungen durch Reizbarkeit, Unruhe, Aggressivität, Zeitdruck – das typische Verhaltensmuster des gestreßten Menschen prägend, das ihn zum Freiwild für Kränkungen aller Art werden läßt, schließlich zu einer alternativen Überlegung zwingend: so weitermachen wie bisher? Durch permanente Kränkungen schließlich auch krank werden? Oder – zum normalen Rhythmus des Lebens zurückfinden? Sich für Gesundheit und Leben entscheiden? Für jeden, der sich dazu entschließt, gibt es eine Motivation und Hilfestellung durch ein Lernprogramm, das drei große Bereiche umfaßt. Zunächst muß man ganz generell lernen, Hektik abzubauen.

Hektik ist ein Dieb, der seelische Energie, Entspannung, Lebensfreude, Menschlichkeit stiehlt: Hektik nimmt jedem Menschen das persönliche Image, zerstört sein Profil. Das Gesicht des hektischen Menschen ist verspannt, es entbehrt jeglicher Ausstrahlung. Durch sein unstetes Verhalten, die Unruhe, wirkt der hektische Mensch gereizt, er eckt überall an, kränkt dadurch bei geringsten Anlässen, Kränkungen für sich selbst provozierend. Er befindet sich auf direktem Wege zur zwischenmenschlichen Entfremdung, in Konflikte: „Diese Hetze von früh bis spät, geht mir allmählich auf die Nerven ..., das halte ich nicht mehr lange aus ...“ Wer so oder ähnlich formuliert, muß zur Rettung von Gesundheit und Leben sich von der Hektik befreien. Am Anfang steht *das antihektische Verhaltenstraining:* Immer ist besonnenes Verhalten wichtigste Voraussetzung, um nicht zu versagen, sich mit dem Menschen zu verstehen, Kontakte zu pflegen. Ganz im Gegensatz dazu steht aber ein gefährliches Fehlverhalten im Umgang mit der Zeit durch Hektik. Nach beruflichem Mißerfolg, in der Situation eines Verkehrsunfalles, als Folgen von Konzentrationsmangel durch Hektik, fragt sich der davon betroffene Mensch: „Wie konnte das nur passieren ... wie konnte ich bloß ...?“ Diese Fragen sind – obwohl reichlich spät gestellt – bereits die Öffnung für einen Weg aus der Hektik, führen zu einer sich prüfenden Frage: „Was mache ich eigentlich falsch?“ Jeder hektische Mensch, der noch über einen Rest an Zeit zum

Nachdenken verfügt, muß zur Erkenntnis kommen, daß er durch eine falsche Einstellung zur Arbeit und durch falschen Umgang mit verfügbarer Zeit zum Opfer der Hektik wurde: Sie warf ihn aus dem Rhythmus des Lebens, aus dem Rhythmus der Zeit. Ein erster Schritt zur Befreiung aus diesen Gefahren ist eine *Kosten-Nutzen-Analyse der Hektik,* vergleichbar mit einem Kaufmann, der wissen will, über welchen Bestand an Geld, Waren er verfügen kann, was er ausgeben darf, um nicht in die „roten Zahlen" zu gelangen. Dafür braucht er erst mal eine betriebliche Pause, die er auch ankündigt: „Wegen Inventur geschlossen!" Diese Pause durch Inventur braucht auch jeder Mensch, der durch Hektik aus dem Gleichgewicht mit seiner Zeit geworfen wurde: Die realistische Abwägung zwischen materiellem Gewinn durch Hektik, also möglichst viel Arbeit, Geld in möglichst kurzer Zeit einerseits, und Einbußen an der Gesundheit durch die Streßkrankheit andererseits, kann zur rettenden Chance einer Befreiung aus den Fesseln der Hektik werden, sich selbst ein „Tempolimit" für die Arbeit, für die Fahrt durch das Leben zu verordnen!

Voraussetzung für dieses Tempolimit ist *der Entschluß, die Zeit in den Griff zu bekommen.* Wer hier Probleme hat, muß von einer unkorrigierbaren Realität ausgehen: Die Zeit, über die wir verfügen können, ist weder manipulierbar, noch bestechlich, käuflich. Jeder Mensch muß sich, ob er will oder nicht, dem Diktat der Zeit unterordnen: „Ich habe keine Zeit, ... mein Gott, wo ist bloß meine Zeit geblieben ...!" Für jeden Menschen, der so oder ähnlich klagt, wird es allerhöchste Zeit, sich Zeit zu verschaffen, sich Zeit zu „nehmen": Hier beginnt die Suche nach „verplemperter", vergeudeter Zeit durch nutz- und sinnlose Tätigkeiten, Frustrationen, etwa nach dem Motto „außer Spesen nichts gewesen!". „Die wirklich tätigen Menschen erkennt man daran, daß sie Zeit haben ..." Mit dieser Formulierung läßt der französische Lyriker *Jules Romains* keinen Spielraum für Ausreden.

Daraus entspringt aber auch der Impuls, alles zu tun, die verfügbare Zeit zu beherrschen, damit die Zeit nicht den Menschen beherrscht, zum Beispiel *mit der Zeit geizen* –, die einzige

Art von Geiz, die dem Menschen nützt! Wer dies jedoch nicht so leicht kann, weiterhin darunter leidet, daß ihm die Zeit nur so davonläuft, in der Verwendung seiner Zeit allzuleicht manipulierbar ist, muß *lernen, die Zeit einteilen zu können:* Hier gilt es, die Arbeit, die Verpflichtungen, den Tagesablauf mit der verfügbaren Zeit zu harmonisieren, von einer realistischen Erkenntnis ausgehend: Kein einziger Mensch hat auch nur den Bruchteil einer Sekunde mehr zur freien Verfügung als die Uhr anzeigt –, sie ist unerbittlich, eine Realität, der sich jeder Mensch beugen muß! Für viele Menschen gibt es hier keine Probleme, sie haben eine Art von „innerer Uhr“, die den zeitlichen Rhythmus der Arbeit, der Termine, der Pflichten mit dem Rhythmus ihres Lebens in Einklang bringt. Im Gegensatz dazu steht der hektische Mensch, der mit „hängender Zunge“, keuchend, „außer Atem“, in letzter Sekunde zum Arbeitsplatz, zur Konferenz, zum Vorstellungstermin, ins Theater kommt, sich selbst damit kränkende Situationen verschaffend: Der falsche Umgang mit der Zeit hat hier schon oft Schicksal gespielt.

Jeder davon betroffen sich fühlende Mensch, aber auch der „Morgenmuffel“, der chronische „Bummelant“ können sich aus dem seelischen Druck durch Druck der Zeit befreien, durch den Vorsatz: *Nicht Zeit verlieren, – Zeit gewinnen:* Ein echter Gewinn, der sich hoch verzinst, denn Zeit ist Geld! Wie beim Geld muß man aber auch hier aufpassen, vor allem bei Menschen, die zuviel Zeit haben, trotzdem aber jemandem die Zeit stehlen, der modernsten Art von Diebstahl unserer Zeit, gegen den es aber keine Diebstahlversicherung und keine Strafverfolgung gibt. Hier hilft nur die Selbstjustiz, das Kapital „Zeit“ selbst zu schützen, den Diebstahl von Zeit abzuwehren: Durch Verzicht auf sinnlose Diskussionen, oberflächliches Bla-Bla, rechthaberische Streitgespräche, also – Zeit gewinnen für sich und Mitmenschen, denen man mit einem Gespräch helfen, eine Freude machen kann!

Wer durch totale Verstrickung im falschen Umgang mit seiner Zeit, im Chaos der Hektik gelandet ist, könnte sich an einem, zwar direkt paradox klingenden, im Falle der Verwirklichung aber hilfreichen Appell neu orientieren: *Langsam geht es schneller!* Wer seine Arbeit, angetrieben durch Hektik, ohne

Überlegung, Planung, Konzentration, verrichtet, macht Fehler über Fehler, er verrennt sich in völlig falsche Richtungen. Daraus ergeben sich auch Situationen zwischenmenschlicher Spannungen, Vorwürfe, Kritik, – alle Arten von Kränkungen sind programmiert! Hier – und bei allen Gefahren einer Kränkung durch Druck der Zeit, durch Hektik, rächt sich der Mangel an Geduld, wenn der Geduldsfaden zu dünn ist.

Für jeden Menschen, der dies spürt, dessen Geduldsfaden bei geringster Belastung reißt, gibt es eine Hilfe: *das Üben von Geduld* – eine Bremse gegen Hektik, die wirksamste Bremse gegen Entgleisung in der zwischenmenschlichen Begegnung durch Toleranz, Gelassenheit, als ein „dickes Fell" für die Psyche, das Gemüt, in voller Bestätigung des Philosophen *Johann Gottfried von Herder* (1744–1813): *„Geduld ist ein Panzer"*, der einen sicheren Weg durch das Leben bahnt: Dem geduldigen Menschen fliegen die Dinge nur so zu, dem hektischen Menschen laufen sie davon. Es kann ihm dann auch so ergehen, wie einem gestreßten Jäger, der in hektischer Eile gleich auf 2 Hasen schießt und – keinen trifft. Vielen, von Hektik geplagten Menschen könnten Fehler durch Hektik, Kränkungen durch hektisches Fehlverhalten, erspart bleiben, wenn sie sich an einer alten Volksweisheit orientieren: *„Eile mit Weile!"* Damit wird ihnen mehr geholfen als durch Medikamente, die zum Repertoire hektischer Menschen mit Unruhe, Nervosität, Schlafstörungen gehören, verbunden mit einem *Geschenk durch Antihektik:* Langsames Leben ist längeres Leben!

Aus der riesengroßen Schar hektischer Menschen rekrutieren sich auch jene Menschen, die durch einen seelischen Risikofaktor zusätzlich belastet werden, durch den *Irrtum der Unentbehrlichkeit:* Dieser manövriert direkt in den Extrembereich von krank machendem Streß, der besonders kränkend wirkt: Auf der einen Seite steht höchster persönlicher Einsatz für eine Sache, für einen Menschen, auf der anderen Seite mangelt es gar oft an entsprechendem Dank. In diesem kränkenden Kontrast findet man Menschen mit einem, sich ähnelnden Verhaltensmuster:

- *Zwang zur Allgegenwärtigkeit,* dem inneren Drang, überall dabei sein zu müssen: „Ohne mich geht das einfach nicht richtig, wenn ich nicht da bin, klappt es halt nicht ..." Wenn es – nach einer Zwangspause durch Krankheit aber doch geklappt hat, fühlt sich der davon betroffene Mensch nach der Rückkehr an seinen Arbeitsplatz abgewertet, gekränkt.

- *Perfektionismus:* Dort finden wir den Menschen, der in allem, was er tut, den Bereich von 100% anstrebt. Ganz zwangsläufig gerät er dadurch aber in einen kränkenden Spannungsbereich: Vom Arbeitgeber hoch geschätzt, von den Kollegen nicht geliebt! Im familiären Haushalt können sich durch den Perfektionismus im Bereich von Waschen, Putzen, Ordnung, Mißverständnisse, Spannungen mit kränkender Auswirkung ergeben. Gar manchmal mit besonders provokativer Einstufung als „Putzteufel", den man vor lauter Putzen nicht „verputzen" kann. Regelmäßig stößt man bei diesen Menschen auf
- *Überempfindlichkeit gegen Kritik, Tadel:* Je mehr sie mit ihrer Arbeit, ihrem Engagement auf ein Wort der Anerkennung, des Lobes, des Dankes gehofft hatten, umso schmerzhafter wird die seelische Wunde durch kränkende Mißachtung: „Da gibt man sich alle Mühe ... und wird so behandelt, wenn das der Dank sein soll ...!"

Menschen, die zu diesem Verhaltensmuster gehören, für die Aktionismus, Engagement, Arbeit „ein und alles" ist, sind zugleich durch Anfälligkeit für die Streßkrankheit gefährdet, vor allem durch den Verlust des Gleichgewichtes zwischen Spannung und Entspannung, oft mehr seelisch als körperlich. Im Interesse auch ihrer Gesundheit, müssen sie sich eine neue Orientierung für ihr Leben geben. Der Lebensphilosoph *Eugen Roth* kann hier mit wenigen Worten mehr überzeugen als viele Diskussionen, Überredungskünste dies vermögen:

„Ein Mensch sagt – und ist stolz darauf –
er gehe in seinen Pflichten auf.
Bald aber – nicht mehr ganz so munter
geht er in seinen Pflichten unter."

Jeder Mensch, der dadurch zu einer neuen Erkenntnis für sein Leben kommt, dann aber auch Wege für ein gesünderes Leben sucht, findet einen erfolgreichen Helfer durch *körperliches Training.*

„Was, ich soll in meiner Freizeit auch noch laufen? Also, hören Sie mir doch damit auf ... Die ganze Woche bin ich im Trab, das reicht mir ...!" So oder ähnlich erwidert der gestreßte Mensch das Angebot, durch körperliche Entspannung zur seelischen Entspannung zu kommen. Oft erst unter dem Druck von Symptomen einer Streßkrankheit wird er aber erkennen, daß körperliches Training durch Wandern, Radfahren, Schwimmen ihm bei der Überwindung seiner „Nervosität", Unruhe, seiner Migräne, dem „Streß-Kopfschmerz", den Schlafstörungen mehr hilft als das medikamentöse Unterdrükken dieser gelben Blinklichter aus der Tiefe einer Seele, die durch Kränkung, durch Streß krank wurde: *„Rast' ich, so rost' ich!"* – aber nicht nur in den Gelenken, in den Blutgefäßen, sondern auch in der Seele, im Gemüt. Also: Der seelischen Belastung – davonlaufen!

6.3 Das Programm der Konfliktstrategie

Man braucht keine Statistiken, um beweisen zu können, daß es Menschen gibt, die während ihres ganzen Lebens praktisch unbelästigt von Konflikten bleiben, und Menschen, die überall anecken, mit jedem Menschen, der ihnen nicht paßt, den sie nicht leiden können, in einen Konflikt geraten: Je mehr diese Konfliktanfälligkeit dann aber auch noch mit der Unfähigkeit gekoppelt ist, sich in zwischenmenschlicher Spannung von Haßgefühl, Rachegelüsten zu befreien, um so mehr können Konflikte zur Gefahr von Gesundheit und Leben entarten. Aber auch jeder Mensch, der einem Konflikt lieber aus dem Wege geht, der ihn gar nach innen verdrängt, lieber schweigt als sich wehrt, büßt dafür mit seiner Gesundheit, *denn jeder ungelöste Konflikt ist Kränkung!* Oft erst nach vielen Enttäuschungen wird für diese Menschen erkennbar: *Konflikte sind zum Lösen da!* Sie sind ein Auftrag, gar oft eine lebensnotwendige Verpflichtung, Mißverständnisse, zwischenmenschliche Spannungen, Vergiftung von Kontakten auszuräumen, um

„Schlimmeres“ durch einen Konflikt, der außer Kontrolle geraten ist, zu verhüten.

Keine Hilfe wäre hier der bequeme, *der „faule Kompromiß“* – er provoziert neue Konflikte. Wer jedem Konflikt aus dem Wege geht, ihn aus Ängstlichkeit, aus falscher Rücksicht vermeidet, begibt sich aufs Glatteis: Er verhindert die Entspannung bereits gestörter Kontakte, schafft ungewollt Zündstoff für neue Konflikte, weil er es unterließ, dem Konflikt den Wind aus den Segeln zu nehmen.

Es gibt aber auch Menschen, die aus Eigensinn, Sturheit, Egoismus eine Konfliktlösung verhindern, durch die *Kompromißlosigkeit im Konflikt:* Jeder Mensch, der zu diesem Fehlverhalten in einer Konfliktsituation neigt, muß sich in eigenem Interesse davon befreien. Im Vordergrund stehen hier Korrekturen im Sprachschatz:

- Das bisherige „Entweder – oder“ durch das „Sowohl – als auch“ ersetzen.
- Das „Nie“, „Nie wieder“ auch in extremer Konfliktsituation nicht als letztes Wort gelten, den Weg für das Gespräch offen lassen.
- Befreiung vom Primitiv-Reflex: „Wie du mir, so ich dir“: er zerstört jeden Weg der Konfliktlösung, heizt Konflikte an!

Jeder Mensch in Konfliktsituation trägt Verantwortung: Er ist nämlich auch verantwortlich für den Menschen, mit dem er sich im Konflikt befindet. Gar mancher Mensch gerät in einen Konflikt, obwohl er diesen nicht will. Andere Menschen lassen sich ohne besondere Überlegungen in einen Konflikt verwikkeln. Es gibt aber auch Menschen, die überdurchschnittlich konfliktanfällig sind, die Konflikte gar „vom Zaune brechen“, verursacht durch Konflikte, die sie mit sich selbst haben. Hier ist *die „menschliche Schwäche“ ein Hindernis der Konfliktlösung.* Darunter fallen Menschen, mit denen „nicht gut Kirschen essen“ ist, die mit sich selbst, mit „Gott und der Welt“ nicht zufrieden sind, die Schwierigkeiten nicht nur mit anderen Menschen, sondern auch mit sich selbst haben.

Derartige Formulierungen aus dem Volksmund signalisieren charakterlich geprägte Anfälligkeit für Konflikte. Ganz besonders diese Menschen, die ihr Fehlverhalten im zwischenmenschlichen Kontakt selbst büßen müssen, aber auch alle Menschen, die nicht zum Opfer kränkender Konflikte werden wollen, müssen die Reizschwelle für Konflikte senken, Konfliktprävention lernen.

6.3.1 Das Gespräch

Das Gespräch ist das älteste Medium in der zwischenmenschlichen Beziehung, für den Kontakt, der wichtigste Weg zu gut funktionierenden Kontakten von Mensch zu Mensch, der Konfliktprävention, das wirksamste Medikament zur Hilfe bei krank machenden Konflikten, zur Heilung von Krankheiten durch Konflikte. Jedoch – *Gespräch ist nicht gleich Gespräch,* der Kontrast ist groß:

Einerseits eine Art von Gespräch als typisches „Geschwätz", „Bla-Bla", als Zeitvergeudung, oft garniert mit kränkenden Entgleisungen, Konflikte gar anbahnend, verstärkend, andererseits *das Gespräch als seelisches Arzneimittel,* wenn 3 elementare Voraussetzungen erfüllt werden:

- *Sprechen und sprechen lassen:* Hier ist bereits der äußere Rahmen wichtig. Ein Mensch, der nicht in entspannter Situation sprechen, sich aussprechen, sich seinen Kummer, Ärger, seine Sorgen „von der Seele reden" kann, den man ständig unterbricht, ist von diesem Gespräch gar so enttäuscht, daß ihm „die Worte im Halse stecken" bleiben, er lieber schweigt. Wenige Worte des Gesprächspartners könnten hier schlagartig befreien: „Ich habe Zeit für Sie, bitte, sprechen Sie ...!" Zunehmend muß man aber beobachten, daß Nervosität, Ungeduld, Hektik, zeitlicher Druck zur willkürlichen Unterbrechung eines Gespräches führen – eine besonders verletzende Unhöflichkeit in unserer Zeit: „Könnten Sie sich bitte kürzer fassen ...!", so oder ähnlich fällt man ganz nach Belieben jemandem „ins Wort", bis schließlich der Gesprächsfaden verlorengeht: Das Gespräch ist geplatzt, ein Mensch gekränkt, der Konflikt eskaliert: „Darf ich Sie unterbrechen ...? Entschuldigen Sie, daß ich Sie unterbrach ...!"

– diese und ähnliche Formulierungen bahnen den Weg zum entspannenden Gespräch, helfen Kränkung zu vermeiden, Konflikte zu lösen.

● *Das Zuhören:* Es ist mehr als nur „hören“, es ist Voraussetzung, um seinen Gesprächspartner nicht nur akustisch, sondern auch inhaltlich zu verstehen. Es erfordert aber Konzentration und Zuwendung! Wenn man davon ausgeht, daß etwa dreiviertel unserer Wachzeit auf zwischenmenschliche Kontakte entfallen, davon etwa die Hälfte auf das Zuhören im Gespräch, kann man den Wert des Zuhörens für das menschliche Zusammenleben nicht hoch genug ansetzen. Wie viele Chancen für gut funktionierende Kontakte, Konfliktprävention, Konfliktlösung werden hier aber vergeben, weil man nicht zuhören konnte, aus Langeweile, Interesselosigkeit, Unhöflichkeit, einfach „abgeschaltet“, die Ohren „auf Durchzug“ geschaltet oder – wie der arg Gestreßte – „zuviel um die Ohren“ hatte: Zuhören ist keine Selbstverständlichkeit, *Zuhören ist ein Geschenk,* bei welchem der Schenkende selbst beschenkt wird. Daher ist es gut verständlich, daß Menschen, die zu wenig oder kein Gehör finden, bewußt oder unbewußt um die Erfüllung eines Wunsches bitten: „Schenk mir Gehör!“ Oft reicht es aber gar nicht zu diesem Geschenk, vielleicht als eine Art von Ersatz eher zum Geschenk von Geld oder Gold? „Leih mir dein Ohr!“ – mit dieser Formulierung hoffen diese Menschen auf das Zuhören durch das Ohr als Leihgabe. In hektischer, konfliktgeladener Situation kann es notwendig werden, „sich Gehör zu verschaffen“. Entweder indem man – wie Kinder dies meisterhaft können – jemandem „ständig in den Ohren liegt“ –, notfalls auch durch akustische Signale: vom Räuspern, Hüsteln („dem werde ich was husten ...“) über das Trommeln mit den Fingern auf den Tisch, das Zuschlagen einer Tür bis zum Hinwerfen einer Tasse. Hier bringen Scherben nicht unbedingt nur Glück, sie könnten gar einen Konflikt verschärfen!

Zuhören ist eine Kunst, aber sie ist lernbar: Es gibt keinen Ersatz für aktives Zuhören in der Vermeidung, Abwehr von Kränkungen, von Konflikten!

• *Der Augenkontakt:* Er vermittelt auch einen Einblick in die seelische Situation des Gesprächspartners durch die „Augensprache", eine Sprache, die – im Gegensatz zur Sprache des Gesichtes – nicht verstellt, maskiert werden kann. Sie ist ehrlich, gut verständlich und aussagekräftig: Die Augen weinen, wenn wir traurig sind, sie strahlen, wenn wir uns freuen. Sie signalisieren aber auch Enttäuschung, Ärger, Wut, Zorn, Haß, Verachtung, wenn ein Gespräch kränkte, bei extremer Kränkung gar bis zur massiven Drohung aus der Tiefe der Seele durch die Augensprache: „Wenn Blicke töten könnten!" Jeder Mensch, der die Augensprache in die Gestaltung seines Gespräches einzubeziehen versteht, führt ein Gespräch, das menschlich positiv verläuft, nicht kränkt, Konflikte nicht unnötig provoziert – alles auch zum eigenen gesundheitlichen Nutzen. Ganz im Gegensatz zum Gespräch mit Augenkontakt steht *das Telefongespräch* – ein Gespräch ohne Augenkontakt: Hier weiß jeder aus eigener Erfahrung, daß es bei dieser Art eines Gespräches wesentlich schneller zu emotionalen Entgleisungen kommen kann als bei einem Gespräch mit Blickkontakt. Es fehlt die Information über die Reaktion des Hörers „am anderen Apparat": Bereits die „unsympathische" Stimme, die Tonart, kann durch ein Vorurteil zum kränkenden Verhalten am Telefon führen, ja *man kann sich am Telefonhörer sogar „den Mund verbrennen",* wenn die gefühlsmäßige Rückkopplung zum unsichtbaren Gesprächspartner fehlt: „So eine Unverschämtheit ..., wissen Sie was ...? Sie können mich mal ...!" – solche oder ähnliche Formulierungen ungebremster Emotion durch fehlenden Blickkontakt kränken, provozieren Konflikte, ja viele Kontakte sind erst durch gerissene Telefonkontakte gerissen: von der Beleidigung bis zum draufgeknallten Hörer! Für alle Menschen, die in diesem Bereich Probleme für sich erkennen, gibt es einen *Lernprozeß:* Niemals in der Situation der Emotion, des Hasses, von Rachegelüsten („Der/dem werde ich es jetzt aber geben ...!") zum Telefon greifen, sondern erst nachdenken, urteilen, dann sprechen. Es gibt aber auch ein alternatives Angebot der Bundespost: *„Schreib mal wieder!"* Im Gegensatz zur Zunge hat die Hand eine Bremse durch die Augen:

Sie lesen mit und kontrollieren – die Augen, auch hier eine Brücke zum Menschen!

6.3.2 Von der Kontaktstörung zum Kontakt

Über Bereitschaft und Fähigkeit zum Kontakt spannt sich ein riesengroßer Bogen, auch über die großen Unterschiede menschlicher Stärken und Schwächen in der Qualität des Kontaktes. Vom harmlosen Mißverständnis, das jeden Kontakt unterbrechen, zerstören kann, bis zur haßerfüllten Mißachtung eines Menschen durch ein Vorurteil, den man „mit Haut und Haaren nicht leiden“, den man „nicht riechen“ kann, dem man nicht unbedingt nur Gutes wünscht: immer kommen die von Kontaktproblemen betroffenen Menschen aber zu einer gleichartigen bitteren Erfahrung für ihre Lebensqualität: *Ohne Kontakte geht nichts mehr,* wird es dunkel in der Orientierung für das Leben; Kontaktprobleme werden zur unerträglichen Last für die seelische Gesundheit, keine Altersgruppe, keinen gesellschaftlichen Bereich ausklammernd, mit allen *Gefahren einer Eskalation:*

- vom Kontaktproblem zur Kontaktstörung,
- von der Kontaktstörung zur Konfrontation,
- von der Konfrontation zur Krise,
- von der Krise zum Konflikt und

vom Konflikt zur Krankheit, zu Krankheiten, die über die Seele auch den Körper krank machen, den psychosomatischen Krankheiten. Alle diese Krankheiten sind dadurch charakterisiert, daß sie nur dann heilen, wenn die seelisch zerstörerischen Angriffe auf die Seele, auf das Gemüt, durch verdrängte, ungelöste Konflikte, psychoanalytisch erkannt und psychotherapeutisch ausgeräumt werden können. Dabei ergibt sich immer eine übereinstimmende Beobachtung im Vorfeld des Konfliktes: *Der Kontakt ist keine Selbstverständlichkeit!* Voraussetzung ist die Bereitschaft, die Fähigkeit für den Kontakt. Sie wird primär durch eine individuelle Anlage geprägt. Von frühester Kindheit an wirken aber auch Einflüsse aus der Umwelt: Im negativen Falle sind es dann Menschen, die durch Kontakthemmung Probleme in der Beziehung zu anderen

Menschen haben. In ihrer Umgebung werden sie oft mißverstanden, gelten gar als „arrogant" – der Konflikt ist programmiert!

Die Kontaktstörung stellt die Weichen für den Konflikt, sie ist Voraussetzung für den Konflikt. Der realistische Zugang zum Konflikt, das Verständnis für Menschen in Konfliktsituationen, fällt schwer, wenn er nur negativ, als etwas Schlechtes, gesehen wird. In diesen Bereich gehören Menschen, die „um des lieben Friedens willen" Konflikten am liebsten aus dem Wege gehen. Sie sind Anhänger der Parole „Frieden, Freude, Eierkuchen", sagen zu allem „ja und amen". Dennoch können sie nicht allen Konfliktsituationen ausweichen. Da ihnen die seelische Kraft, vielleicht aber auch die überzeugende Information für den Sinn eines Konfliktes fehlt, versuchen sie den Konflikt auf ihre Weise zu lösen: nach der Devise „Schwamm drüber!", alles „unter den Teppich kehren!" Wer so handelt, provoziert Kränkungen aller Art, denn: *Konflikte sind Begleiter unseres Lebens,* wir müssen mit ihnen fertig werden, ehe sie uns „fertigmachen"! Je mehr menschliches Zusammenleben – vor allem in der Familie, am Arbeitsplatz – in hektischer, gereizter Atmosphäre sich vollzieht, um so mehr entwickeln sich über Enttäuschung, Mißverständnisse, Beleidigungen, Vorwürfe, *Kränkungen, die den Konflikt aufheizen.* Oft ist in dieser Situation der Konflikt nur noch das äußere Symptom einer schon seit längerer Zeit schwelenden Störung des Kontaktes: „Ich kann es überhaupt nicht verstehen, daß die auf einmal so verstritten sind, sich jetzt trennen wollen ...", so oder ähnlich sagt man manchmal von Menschen, die man schon lange kennt, bei denen nun „wie der Blitz aus heiterem Himmel" ein knallharter Konflikt sichtbar, zumeist auch hörbar, wurde: Und doch – es kam nicht alles von heute auf morgen, denn *jeder Konflikt hat ein Vorfeld:* Da gab es Kränkungen über Jahre, die aber immer verdrängt wurden, nach außen mit trügerischer Ruhe, es wurde „Theater gespielt". „Bei uns ist alles in Butter ..., wir sind eine glückliche Familie ...", scheinbar schon: Alle Probleme durch Kränkung wurden „untergebuttert", die Gekränkten „verbuttert". Irgendwann war das Butterfaß nun voll, der gekränkte Mensch hatte „endgültig die Nase voll", es platzte ihm gar „der Kragen“ – ein Weg der Selbstheilung öffnet sich: der Streit!

Bei allen noch so guten Vorsätzen, einen Konflikt zu entspannen, zu lösen gibt es auch Enttäuschungen durch *Menschen, die eine Konfliktlösung blockieren.* Darunter fallen Menschen, mit denen nicht gut streiten ist, die rechthaberisch, egoistisch sind. Sie fahren dem Partner im Konflikt gleich „über den Mund“, gießen gleichzeitig Öl in das Feuer eines lodernden Konfliktes. Eine Konfliktlösung scheint aussichtslos zu sein, die Kränkung durch Mißachtung des guten Vorsatzes einer Befreiung vom Konflikt wird nun noch spürbarer. Wer aus dieser Sackgasse heraus will, muß zuallererst versuchen, einen Zugang zum Konfliktpartner zu finden: Klagen, Jammern, Kritik, Vorwürfe stoßen auf taube Ohren, gar aggressive Ablehnung. Auch in hartnäckigen Fällen einer Konfliktblokkade schaffen aber recht oft einen positiven Zugang die „Ich-Botschaft“ und das „aktive Zuhören“:

- *Die* Ich-*Botschaft:* „Ich fühle mich mißverstanden ..., beleidigt, gekränkt ..., ich bin bedrückt, traurig, daß es so weit mit uns kommen konnte ...“ Mit diesen oder ähnlichen Formulierungen öffnet sich ein Mensch in seelischer Bedrückung, er sucht Hilfe, hofft auf Hilfe. Dieser Ruf um Hilfe wird in jeder Konfliktsituation gehört, bahnt den Zugang zum Verständnis eines Menschen, der bis zu diesem Zeitpunkt über seinen seelischen Kummer, über seine mitmenschliche Enttäuschung nicht sprechen konnte, nicht zu sprechen wagte. Ganz im Gegensatz dazu steht der gekränkt, enttäuscht sich fühlende Mensch, der mit seinen Formulierungen anklagt, neuen Konfliktstoff schafft: „Du bist ein rücksichtsloser Mensch ... du denkst doch nur an dich ... dir ist es doch ganz egal, wie es mir geht ...“! Derartige Vorwürfe, Beleidigungen blockieren den Zugang zum Konfliktpartner.

- *Aktives Zuhören:* „Bitte sprich ..., ich bin ganz Ohr!“ Mit derartigen Formulierungen wird Bereitschaft signalisiert, den sich beklagenden Menschen zu verstehen, sich in ihn hineinzuversetzen, einen Weg aus dem Konflikt zu finden. In emotional angeheizter Situation eines Konfliktes ist das aktive Zuhören allerdings oft nur schwer realisierbar. Durch kränkende Äußerungen können alle guten Vorsätze, dem Konfliktpartner Gehör zu schenken, durch kränkende Formulierungen, Unterstellungen, Vorwürfe, in sich zusammenbrechen: Aus der guten Absicht einer Konfliktlösung wurde schließlich ein Riesenkrach, der Konflikt gerät außer Kontrolle. Wer aber erkennt, daß er zu weit gegangen ist, den guten Willen hat, doch noch zu retten, was zu retten ist, sollte sich entschuldigen.

• *Die Entschuldigung:* „Entschuldigen Sie bitte ...“, „bitte, verzeih mir ...“, „es tut mir leid, daß ich dich/Sie gekränkt habe ...“ Derartige Bekenntnisse kommen oft recht schwer über die Lippen, zwingen gar oft, über den eigenen Schatten von falschem Stolz, Feigheit, Hemmung zu springen, in jedem Falle sind sie aber Ausdruck menschlicher Größe: Wer sich entschuldigt, tut ja nicht nur für sich selbst etwas Gutes, er hilft auch dem Menschen, der seelisch verletzt wurde. Daher ist die Ablehnung einer ehrlichen Entschuldigung immer eine Beleidigung, eine extreme Kränkung durch menschliche Erniedrigung. Gewiß, nicht immer fällt es unbedingt leicht, eine Entschuldigung zu akzeptieren. Vielleicht kann hier der amerikanische Staatsmann und Schriftsteller *Benjamin Franklin* (1706–1790) helfen, Hürden auch bei schwerer Kränkung doch noch zu überspringen: „Es gibt Augenblicke, in denen man nicht nur sehen, sondern auch ein Auge zudrücken muß ...“ Dann wäre selbst in verfahrener Situation eines Konfliktes der Weg frei, wieder miteinander zu sprechen.

• *Die Aussprache:* Hier bietet sich nun eine Chance, über all das, was früher verdrängt, geschluckt, in sich hineingefressen, unter den Teppich gekehrt wurde, zu sprechen. Wenn die Aussprache erfolgreich sein soll, muß sie jedem Partner die gleichen Möglichkeiten bieten, alles, was bislang so drückte, durch Mißverständnisse, durch Vorurteile, gar Mißachtung, den Konflikt programmierte, sich „von der Seele“ reden zu können. Wichtige *äußere Voraussetzungen dafür sind:*

- Die Ursachen des Konfliktes direkt ansprechen, nicht „um den heißen Brei herumreden“.
- Kein Streitgespräch „zwischen Tür und Angel“, auch nicht unter dem Druck von Hektik, Streß, sondern in körperlich und seelisch entspannender Atmosphäre.
- Die Grundregeln eines Gespräches – sprechen, sprechen lassen, zuhören, Augenkontakt – beachten.

Für Menschen, die in Konflikte verstrickt sind, die immer wieder in neue Konflikte geraten, die schwertun, sich aus Konflikten zu befreien, wird es spürbar: Der seelische Frieden kommt nicht aus der Flucht vor Konflikten, aus Vermeidung von Konflikten, sondern aus der Fähigkeit, Konflikte zu bewältigen, zu lösen, dies notfalls auch zu lernen. Daher ist es keinesfalls beruhigend, wenn Menschen, die schon viele Jahre zusammenleben, sagen: *„Wir streiten nie ...!“* Es fällt allein schon auf, daß dies gesagt wird. Jeder, der sich so ausdrückt, signalisiert zugleich, daß er im Streit etwas sieht, was sich „nicht gehört“. Sie schaden damit aber nicht nur sich selbst, sondern auch der partnerschaftlichen Beziehung: Das Übersehen, Überhören, das Verdrängen, Zudecken von allem, was kränkt, nagt unaufhörlich an der Stabilität, der Qualität des Kontaktes. Plötzlich sagt man: *„Wir verstehen uns einfach nicht mehr ...“* – gar oft das Ergebnis einer Unfähigkeit, durch ein Gespräch, eine „heiße Diskussion“, ein Streitgespräch rechtzeitig von seelischer Last, der Zerstörung des Kontaktes sich zu befreien. Und doch – es gibt auch eine Art von automatischer Selbststeuerung einer gekränkten Seele, die den zuvor gehemmten, überängstlichen, aber „innerlich geladenen“ Menschen zur Selbstbefreiung zwingt: Wenn das Maß an Kränkung der Seele übervoll ist, platzt dem davon betroffenen Menschen schließlich der Kragen – es kommt zur nicht mehr steuerbaren, explosionsartigen Öffnung der prall gefüllten Eiterbeule auf der kranken Seele.

6.3.3 Der Streit

Jetzt hat man auch den Mut und die Kraft, Hemmschwellen zu überspringen, zu sagen, was man eigentlich zuvor schon längst hätte sagen müssen, um nicht so gekränkt zu werden. Jetzt kann man es endlich sagen: „Ich lasse mir nicht mehr alles gefallen..., ich werde doch nur ausgenutzt..., ich bin doch schließlich nicht der letzte Dreck..." Hier gilt aber auch: *Streit ist nicht gleich Streit.* Es gibt eine Art von Streit, der einen Konflikt zusätzlich anheizt, der aus einem schwelenden Brandherd einen Flächenbrand der Kontaktzerstörung macht, vergleichbar mit einem Menschen, der Öl ins Feuer gießt. Es gibt aber auch den Streit, der befreit, der als „reinigendes Gewitter" alles, was zuvor durch Kränkungen zu unerträglicher seelischer Belastung im Kontakt führte, ausräumt. Recht häufig ist auch ein Streitverlauf, in welchem man vom Konfliktpartner links liegen gelassen, weder gehört noch angehört wird. Diese Situation provoziert ein auffallendes Streitverhalten: Man schlägt mit der Faust auf den Tisch oder wirft – weil dies besonders hörbar ist – eine Tasse zu Boden, wenn möglich nicht gerade die wertvollste, ein Geräusch, das unüberhörbar ist. In extremer Konfliktsituation soll es auch schon vorgekommen sein, daß alle Tassen aus dem Schrank auf dem Boden zerschmettert wurden, um sich Gehör zu verschaffen. Ein Weg der Konfliktlösung, bei dem Scherben nicht unbedingt nur Glück bringen!

Ganz im Gegensatz zum explosiven Ausbruch eines Streites in einer Konfliktsituation, eines Streits, der einen Konflikt lösen kann, steht ein tagtäglicher Streit, ein Streit von früh bis spät, der gar in der Nacht noch fortgesetzt wird, *die Streitsucht:* Davon betroffen sind Menschen, die ohne bewußte Absicht, innerlich getrieben, ihre Unzufriedenheit mit sich selbst, „mit Gott und der Welt", ihren Mißmut, ihre körperliche Matschigkeit durch Streit abreagieren: Tatsächlich spüren sie, daß dieser Streit sie aktiviert, aus dem seelischen Frust, aus der körperlichen Matschigkeit, zum Beispiel wegen viel zu niedrigen Blutdrucks herausholt, vergleichbar mit der Wirkung eines Aufputschmittels. Durch diesen, als wohltuend empfundenen

Effekt wird eine drogenähnliche Abhängigkeit vom Streit begünstigt, den Namen Streit-„Sucht“ rechtfertigend! Der Nachteil dabei ist, daß bei dieser Art von Sucht der Mitmensch als „Droge“ mißbraucht wird, dabei allerlei Arten von Kränkungen einstecken muß. Im Streit ist praktisch „alles drin“:

Streit kann heilen, Streit kann zerstören: Jeder Mensch hat es in einem Konflikt selbst erfahren, wie groß die Unterschiede in der Art eines Streites sein können, wie rasch die Kontrolle über den Verlauf eines Streites verlorengehen kann, wie spürbar die seelischen Auswirkungen durch einen Streit sind, der nicht mit einer Konfliktlösung, Versöhnung, sondern in einem Krach, gar mit Zerwürfnis endete. Wenn man zudem weiß, welche katastrophalen Folgen ein mißglückter Streit auf Gesundheit und Leben eines Menschen hat, eine Partnerschaft, Ehe, gar eine ganze Familie zerstören kann, überrascht es, daß kaum ein Mensch auf diese Herausforderung im zwischenmenschlichen Leben vorbereitet ist. Besonders bedrückend ist es dabei, daß der größte Teil aller Konflikte durch eine positive Einstellung zum gesundheitlichen, menschlichen Wert eines Streites lösbar wäre. Für jeden Menschen, der nicht in derartige Situationen durch vermeintliche, zu ernst genommene tatsächliche Kränkungen kommen will, gibt es einen Appell:

Vom Streit zur Kunst des Streitens – ein Weg der Selbsthilfe! Diese Selbsthilfe gelingt aber nur, wenn in diese auch der Mitmensch einbezogen wird, mit dem man sich „in die Wolle“, „in die Haare“ geraten ist. Für diesen Weg der Selbsthilfe in einem Konflikt gibt es keine Ausrede, denn Konfliktlösung durch Streit ist lernbar, zwar nicht so im Handumdrehen, sondern durch eine *persönliche Vorbereitung auf Konflikt- und Streitsituationen.* Voraussetzung dafür ist es, nie die Kontrolle über sich selbst zu verlieren, auch bei extremer Provokation nicht zu versagen. Jeder Streitende, der Kränkung im Streit mit neuer, gar noch schlimmerer Kränkung vergilt, braucht sich nicht zu wundern, wenn dieser Streit völlig aus den Fugen gerät, zu neuer seelischer Belastung entartet. Jeder Mensch, der die Qualität seines Lebens nicht durch ungelöste, verdrängte Konflikte zerstören lassen will, muß die Kunst des Streitens beherrschen. Trotz aller guten Vorsätze gelingt dies nicht jedem Menschen.

Lernprogramm der Konfliktlösung durch Streit
Voraussetzung ist der gute Vorsatz, dieses Programm nicht nur zur Kenntnis zu nehmen, sondern auch in jeder Situation kränkender Provokation zu verwirklichen – am besten gleich im nächsten Streit! Bedingungen für den Erfolg sind nicht nur Selbstüberwindung und positive Einstellung zum Menschen, obwohl dies in der Extremsituation eines Streites äußerst schwerfallen kann, sondern auch die Verhaltensarten im Streit: *Vom Streitchaos zur Streitkultur!*

- *Ehrlich und mit einem Ziel streiten:* Beginn und Verlauf eines Streites sind durch seinen vulkanartigen Ausbruch zumeist nicht programmierbar. Daher muß jeder Mensch, der nicht zum Opfer eines kränkenden Streites werden will, wissen, wie er sich im Falle eines Streites verhalten will. Wer von vorneherein ehrlich streitet („ja, ich gebe zu, es war so ...“), hat zunächst vielleicht Vorwürfe zu erwarten, aber der Konfliktstoff wird „ausgebügelt“, im Gegensatz zur Lüge, die vom Ziel des Streites wegführt. Jeder Streit braucht aber ein Ziel, um den Konflikt auszuräumen, vergleichbar einem Zahnarzt, der einen kariösen Zahn erst gründlich ausräumt, bevor er ihn verschließt, einem Arzt, der eine infizierte Wunde erst dann zunäht, wenn er das Wundbett gesäubert hat. Ohne das Ziel einer Lösung des Konfliktes durch Ausräumen der Konfliktursachen dreht sich jeder Streit im Kreise herum: Durch Verlust der Orientierung verliert er das Ziel – man streitet am Streit vorbei!

- *Die Qualität der Stimmung bestimmt die Qualität des Streites.* Jeder weiß hier aus eigener Erfahrung, daß Erschöpfung, Reizbarkeit, Streß, all das, was man auch „schlechte Laune“ zu nennen pflegt, ein Hindernis für störungsfreie Kontakte ist, ganz besonders gilt dies aber für die seelische Widerstandskraft in einem Streit: Alle guten Vorsätze für einen fairen Streit kommen ins Wanken, besonders wenn ein Streit überfallartig ausbricht. Wer drohende Gefahren daraus für sich, für Kränkung durch hitzige Wortgefechte, erahnt, muß abwägen: entweder einen Konflikt durch eskalierten Streit verschärfen, sich dabei selbst gesundheitlich schädigen oder zur Entspannung der Streitsituation beitragen – „Bitte, laß mir etwas Ruhe, ich muß erst mal abschalten ..." –, um nach einer Verschnaufpause, seelisch entspannt, mit dem Konfliktpartner sich auseinanderzusetzen. Man kann mit ähnlicher Verhaltensweise auch

- *Streit sich ersparen:* Wenn man spürt, daß ein „Gewitter in der Luft" des menschlichen Klimas liegt, nach schlafloser Nacht, durch Überarbeitung, Ärger, man Probleme mit sich selbst hat, gereizt, müde ist, mißlingt jeder Streit. „Ich fühle mich gegenwärtig nicht wohl, mit mir ist heute nicht gut Kirschen essen ..., mach lieber einen Bogen um mich ...": Mit dieser oder ähnlicher Warnung durch eine *Ich*-Botschaft konnte schon manches Unglück in zwischenmenschlicher Beziehung durch Mangel an seelischer Kondition für einen Streit verhindert werden.

- *Fair streiten – Kränkung vermeiden!* Jeder Streit, der durch Kränkung die Unterwerfung seines Partners erzwingen will, ist ein mißlungener Streit, je mehr hier die „seelische Gürtellinie", gar die Menschenwürde verletzt wurden, desto mehr entartet dieser Streit zur Gefahr für Gesundheit und Leben. Unfair ist es aber auch, in einem Streit „wunde Punkte" aus früheren Auseinandersetzungen erneut zur Sprache zu bringen, nachtragend zu sein: „Wer nachträgt, hat schwer zu tragen!" Die Beachtung dieser Warnung aus dem Volksmund befreit in jedem Streit, der helfen soll, einen Konflikt zu lösen, ohne ihn durch neue Kränkung anzuheizen!

In einem fairen Streit, dem einzigen Streit, der befreit, steht auch die Menschlichkeit auf dem Prüfstand ihrer Bewährung: *Der Streit ist kein Schuttabladeplatz für verdrängte Komplexe,* Zynismus, Rachegelüste, Sadismus: Hier handelt es sich um gefährliches Gift, das den Streit von der Lösung des Konfliktes, der zum Streit führte, wegführt. In dieser Situation kann es recht schnell zum „Durchdrehen“, Überschnappen eines gekränkten Partners kommen, dem bekannten „Rappel“.

- *Der Streit endet, wo der Körper beginnt:* Streit mit Anspukken des Körpers als Beweis der Verachtung, mit körperlicher Verletzung durch die Ohrfeige, dem Schlag ins Gesicht, dem Treten vor das Schienbein, in den Hintern führt zum Gerangel, zum Kampf, oft auch vor die Schranken des Gerichtes. Daher: streiten ja, schlagen nein – lieber ein Duett mit Worten als ein Duell mit Waffen!

- *Aktuell streiten:* Der positive Verlauf eines Streites mißlingt, wenn bei dieser Gelegenheit auch ärgerliche Begebenheiten aus der Vergangenheit des Streitenden ausgekramt werden, um ihm seinen miesen Charakter zu beweisen. Dieser Streit hat sein Ziel verfehlt: Man streitet sich über längst Vergangenes, der Konflikt selbst bleibt ungelöst, kann sich gar verschärfen.

- *Ohne Zeugen streiten:* Der Streit braucht keine Zeugen, sie stören die freie Entfaltung der Streitenden, in deren Seele sie nicht schauen können. Daher sind sie auch nie objektive Schiedsrichter über Schuld und Schuldlosigkeit. Je nach der Lautstärke eines Streites gibt es auch ungebetene Ohrenzeugen, die Nachbarn. Diese Art von Streit kann nie vom Konflikt befreien, sie ist vielmehr oft Quelle für eine Ausweitung des Konfliktes im ganzen Haus, durch den so schwer behebbaren „Haustratsch“, der das Wohnen dort zur Hölle machen kann!

- *Üben, auch im Streit die Selbstbeherrschung zu behalten,* um „in der Hitze des Gefechtes“ nicht aus der Rolle zu fallen, durch abgrundtiefen Haß und Rachegelüste nicht den Verstand zu verlieren, nicht Dinge zu sagen („die Sau rauslassen ...“) oder zu tun, die man später bitter bereut, die sich an der Gesundheit rächen. Wer diesen Gefahren nicht zum Opfer fallen will, muß rechtzeitig, in streitfreier Zeit, durch positive Selbstbeeinflussung sein Verhalten im Falle eines Streites programmieren – vor der Entgleisung des Streites die Notbremse des Verstandes, der Selbstbeherrschung ziehen.

- *Im Streit liegt auch „verdammte" Ehrlichkeit,* auch wenn es weh tut: Gar manchem Menschen hilft er zum Ausbruch aus eingeigelten Gefühlen, zum Durchbrechen von Hemmung, Angst, Rücksichtnahme gegenüber einem anderen Menschen, den man – in der Familie, am Arbeitsplatz, in der Nachbarschaft – bisher so nahm, wie er eben ist. Nicht immer fiel dies leicht, man mußte dadurch so manches wegstecken, nur weil man einen Menschen mit Kritik an seinem Verhalten verschonen wollte. Jetzt, im Streit, hat dies alles seine Grenzen – „die Galle läuft über": Im Gefühlsausbruch des Streites kann man – nun endlich – mit der Sprache herausrücken, die Wahrheit „ins Gesicht sagen". Da fällt auch vornehme Zurückhaltung durch Erziehung („So etwas sagt man nicht ..., tut man nicht ...!") in sich zusammen. Dann ist dieser bislang so geschonte Mensch nicht mehr unbedingt ein guter Mensch, ein vornehmer Herr, ein Gentleman, sondern auch ein Mensch mit Fehlern, die ihm bislang gar nicht so bewußt waren, ein Mensch mit zwei Gesichtern: „Wissen Sie, was Sie sind ...?" In der Formulierung gibt es – je nach aktueller Streitsituation – kaum Grenzen „brutaler Wahrheit", es entsteht ein ganz neues Bild, das zur Ernüchterung führt, zum Nachdenken zwingt. Auch hier hat der Volksmund wieder eine gute Spürnase: „Willst du genau wissen, was ein Mensch von dir denkt, dann mußt du mit ihm streiten."

- *Die „Retourkutsche" blockiert positives Streiten:* In einem Streit, der aus Haßgefühlen, Rachegelüsten entstanden ist, ergibt sich allzuleicht ein Streitverhalten nach dem Motto: „Wie du mir, so ich dir!" Damit sind von Anfang an alle Wege für einen sachlichen, befreienden Streit abgeschnitten, alles wird jetzt nur schlimmer: „Wie man in den Wald hineinruft, so schallt es zurück!" Diese recht einfach klingende Formulierung läßt erkennen, daß gegenseitige Schuldzuweisungen Konflikte nicht lösen, sondern verschärfen.

- *„Der Klügere gibt nach ...",* so meint mancher, der die seelische Belastung durch einen Streit nicht länger ertragen kann. Ist er damit aber wirklich der Klügere? Die Meßlatte für die

Klugheit ist hier der Streitgegenstand: Stets ist es töricht, wegen Banalitäten einen Streit vom Zaune zu brechen, sich um „des Kaisers Bart“ zu streiten, dafür noch gekränkt zu werden: Unser Leben in familiärer Gemeinschaft, in der Gesellschaft, am Arbeitsplatz erfordert immer eine gegenseitige Rücksichtnahme, nicht jeder kann jederzeit nur seinen Willen durchsetzen. Das Nachgeben hat aber seine Grenzen: immer dann, wenn dies gegen unser Wissen und Gewissen geschieht, in wichtigen Vorgängen Entscheidungen, Glaubwürdigkeit und Verantwortung gefordert werden. Allzuoft ist ein Streit auch festgefahren, weil jeder durch primitive Sturheit auf seinem Standpunkt beharrt.

• *Der Kompromiß – eine Alternative in der Streitstrategie:* Gemeint ist hier allerdings nicht der so verführerische „faule Kompromiß“, der sich an den Ursachen des Streites vorbeimogelt, vergleichbar einem Feuer, das man äußerlich löscht, in der Tiefe aber weiterglimmt. Die positive Alternative ist ein Kompromiß des guten Willens, der Verständigungs- und Versöhnungsbereitschaft, um sich wieder unter die Augen treten, sich in die Augen schauen, miteinander sprechen zu können. Hier liegt auch das höchste Ziel für jede Art eines Streites.

• *Chancen des Streites nutzen: Heilen statt kränken!* Durch Vorurteile, die sich in breiten Kreisen der Bevölkerung mit dem Wort „Streit“ verbinden, fällt es den meisten Menschen schwer, im Streit auch nur angedeutet etwas Positives zu sehen. In Wirklichkeit bewegt sich das, was man „Streit“ zu nennen pflegt, im Extrembereich von Zerstörung einer zwischenmenschlichen Verbindung, der Gesundheit, gar des Lebens, und der Rettung von Menschen aus einem Konflikt, aus seelisch krank machender Kränkung. Jeder Streit ist das Spiegelbild für die Qualität der Menschlichkeit der Streitenden, für menschliches Verhalten in einer Situation der Herausforderung, für ein Verhalten, dessen Kontraste die rauhe Wirklichkeit des Alltags, unseres Lebens insgesamt, auch in jedem Streit prägen: Einerseits ist „der Mensch des Menschen beste Medizin“, wozu dieses afrikanische Sprichwort jeden Menschen auch im Konflikt, im Streit motiviert, andererseits kann der Mensch aber auch des Menschen ärgster Feind sein, ihn im Streit quälen, durch Kränkung krank machen, durch die giftige, spitze Zunge gar töten, worüber wir tagtäglich aus den Medien erfahren.

Diese Streitbilanz ist eine Mahnung für jeden Menschen: Jeder Mensch, der mit einem Mitmenschen streitet, trägt eine große Verantwortung, für sich selbst, aber auch für den Mitstreitenden: Nicht jeder Streit ist vermeidbar, wer aber den Streit sucht, ihn gar „vom Zaune bricht", lädt mehr Schuld auf sich, als er sich bislang bewußt war: Er verletzt die gesundheitliche Integrität eines Menschen, gefährdet gar dessen Leben! Daher *auch im Streit die Würde des Menschen nicht verletzen:* Die Streitaxt wegwerfen, das Kriegsbeil nicht ausgraben, den Streit begraben, um nicht den Menschen begraben zu müssen!

Jedem Menschen, der es mit sich selbst, mit seiner Gesundheit, mit seinen „Nerven" gut meint, wollen diese Programme ein Ratgeber, ein Helfer sein: Je mehr dadurch eine Immunisierung gegen Kränkung gelingt, um so mehr spürt er zunehmend eine Befreiung von seelischem Druck auf seine Gesundheit, auf seine Freude am Leben. Gleichzeitig beschenkt er damit auch den Mitmenschen: Er ist für ihn ein sympathischer Mensch, ein Mensch, mit dem man gut zurechtkommt, mit dem man gerne spricht, über den man sogar in seiner Abwesenheit nicht schlecht redet. Dadurch wird er selbst wieder beschenkt – ein Kreis der Befreiung von Kränkung schließt sich! Alle Lernprogramme zur Abwehr, zur Überwindung von Kränkungen haben in ihrer Verwirklichung als gemeinsames Fundament einen sie miteinander verbindenden Appell:

Unsere Seele ist kein „Müllplatz", wo jeder Mensch ganz nach Belieben durch Abladen von schlechter Laune, Unbeherrschtheit, Taktlosigkeit, alle Arten von Bosheit, seinen seelischen Giftmüll abladen, uns damit kränken kann, weil wir ihn nicht darin hindern, ihn nicht „in die Schranken verweisen". „Wie kann ich mich dagegen wehren ...? Der/die ist doch stärker als ich ..., mit mir kann man das ja machen ..., sonst bringt es mir ja doch nur noch mehr Ärger ..." So oder ähnlich sprechen Menschen, die unter Kränkungen leiden, mit

Defiziten in ihrem Selbstwertgefühl, mit gesundheitlich gefährlichen Blockaden in der Selbstverteidigung: „Ich bringe es einfach nicht fertig, da einfach so loszubrüllen ..., da schlucke ich es halt runter und habe meine Ruhe ..." – ein defensives Verhalten, das für jeden davon betroffenen Menschen den Weg in die Krankheit durch Kränkung, in die psychosomatische Krankheit öffnet: Hier hilft kein Medikament, sondern nur ein Lernprozeß mit der rettenden Erkenntnis:

Alles, was mich kränkt, macht mich krank! Daraus entspringt dann der Entschluß, seelisch aggressiven Ballast, kränkenden Giftmüll nie auf der Seele, im Gemüt zu deponieren! Wer Schwierigkeiten in der Verwirklichung dieses Lernprozesses hat, kann sich mit einem praktischen Vergleich aus dem alltäglichen Leben, der Mülldeponie, helfen lassen: Dort wird der Müll vor der Ablagerung sortiert, zerkleinert, eingestampft, durchmischt und erst dann zugedeckt: Der Giftmüll bleibt draußen! Diese Mülldeponie raucht nicht, stinkt nicht. Und dann gibt es dort noch etwas ganz Wichtiges – eine Schranke mit dem Schild: „Von 18 Uhr bis 8 Uhr geschlossen!", direkt ein Modell für den Schutz auch unserer Seele, unseres Gemütes gegen willkürliche Ablagerung aller Arten von Giftmüll zu jeder Tages- und Nachtzeit!

Schlußbetrachtung

Die seelische Verwundbarkeit durch Kränkung verschont praktisch keinen Menschen: „Wer nicht völlig abgebrüht ist, bleibt empfindsam. Und gerade die Empfindsamen sind so ungeheuer verwundbar und wehrlos, wenn ihnen wehgetan wird. Und wann wird es ihnen nicht!" So fragte sich der amerikanische Dramatiker *Tennessee Williams* (1911–1983), so fragen sich aber auch alle Menschen, die schwertun, sich gegen Kränkungen zu wehren, dies an ihrer Gesundheit, in der Qualität ihres Lebens büßen müssen: Je weniger sie „abgebrüht", je empfindsamer sie sind, um so mehr werden sie zum Opfer selbst geringfügiger Kränkungen. Bei ihnen bestätigt es sich in allen Situationen einer Kränkung: *Der gekränkte Mensch tut sich schwer:* Er trägt eine zusätzliche Last zu seiner bereits vorhandenen seelischen Bürde durch Schwäche im Selbstwertgefühl, in der Durchsetzungskraft, im Glauben an sich selbst, in seiner Überempfindlichkeit durch „zu schwache Nerven". All das bedrückt ihn, lähmt seine Widerstandskraft gegen seelische Verletzung durch Kränkung. Gerne möchte er auch so sein wie „die anderen", die so leicht, so froh leben, weil sie Kränkungen in ihrer Gefahr erkennen und abwehren können. Aber auch er hat Chancen, wenn er entschlossen ist, aus der Passivität zur Aktivität zu gelangen, seelisch zu trainieren, zu lernen. Am Beginn steht das Sich-Ändern, begleitet durch *positives Denken, als Schutzwall gegen Kränkung:* Im körperlichen Bereich ist die Kraft positiven Denkens bei der Abwehr, bei der Heilung von Krankheiten gut bekannt, unbestritten, unverzichtbar. Diese Heilkraft muß auch jeder Mensch nützen, der spürt, daß er es durch negatives, pessimistisches Denken so schwer hat, sich gegen Kränkungen zu schützen. Die Kraft positiver Gedanken ist die wichtigste Voraussetzung für Immunkräfte gegen Kränkung, um mit Kränkungen fertig zu werden, bevor die Kränkung den Menschen fertig macht: Unser Leben ist viel zu kurz, unsere Gesundheit viel zu kostbar, als daß wir es uns leisten könnten, uns jederzeit durch jedermann zum gesundheitlichen Opfer, zum Opfer unseres Lebens durch Kränkung machen zu lassen.